如何實施資優教育

◆培養多元智慧、主動學習的資優兒◆

毛連塭　著

作者簡介

毛連塭　台灣省台南市人，民國二十七年生。

學　歷：國立台灣師大教育學士，美國北科大教育碩士，畢堡德大學教育博士

經　歷：小學教師、大學教授、台東縣、高雄市及台北市教育局長、教育部國教司長、台灣省政府副秘書長、台北市立師院院長、國立教育資料館館長

著　作：「盲生混合教育之理論和實際」、「盲童定向移動研究」、「視覺障礙兒童教育診斷」、「口語溝通缺陷兒童之教育」、「資優教育教學模式」、「綜合充實制資優教育」、「學習障礙兒童的成長與教育」、「資優學生課程發展」、「精熟學習法」、「生活教育與道德成長」、「資優教育——課程與教學」、「特殊兒童教學法」、「如何實施資優教育」

作者序

　　筆者撰寫「綜合充實制資優教育」一書，十年來，經國小資優教育同仁試用，發現其中仍有待充實之處，尤其近年來，多元智慧的理論，較受青睞，單一的教學方案或教育計畫，常常難以滿足需要多元發展資優生的需求，因此，筆者根據過去資優教育同仁的教學經驗，並參考當前的主要資優教育思潮，將綜合充實制資優教育加以修正，取名為「如何實施資優教育」，更有系統的說明資優教育綜合充實制的作法，期對資優教育有所獻替。

毛連塭

民國九十年六月
於台北南海學園

目　次

第一章

新問題新思維

第 一 章

啟發思考的問題

　　資優教育在台實施二十多年以來，強調集中式與加速制的實驗已碰到瓶頸，也產生一些新的問題，要解決這些問題，必須要有新的思維。

第一節　機會不等的資優教育

壹、受重視卻又被忽視的一群

　　每次當我和家長們在一起的時候，許多有學前幼兒的父母親都會告訴我，他們的小孩是多麼地聰明。然而當我和老師們在一起的時候，情況卻相當地不一樣。有一次我在演講時特別請班上有資優生的教師們舉起手來，結果非常地少。然後我再問他們對於班上的資優生和一般學生是一視同仁還是有特別的考慮，多數老師認為，為避免班級常規處理上的困難，以一視同仁較多。

　　天下父母心，這種龍子鳳女的觀念無可厚非。其實，父母親自小孩出生便生活在一起，只要用心的確可以觀察出小孩的許多長處。可惜的是，他們常常只注意到常人所關心的語文和數數。如果父母親有心讓小孩去試探各種情境，從而可以發現小孩的特殊能力，那麼他們的意見就很寶貴了。至於老師們由於太關心課業成績，致無法廣泛地了解資優生的實際能力，因而常易忽視。這種現象在推薦甄試時也常有「父母高估，老師低估」的情況，值得我們注意。

　　小孩子從出生便是好奇心旺盛，學習慾望強，非常樂意主動積

極追求新事物，可是許多父母親因種種原因阻斷了這種積極主動的態度，待入學之後要加以培養，就難上加難了。資優生進入學校，由於抽象化的學習加多、學習的難度劇增，資優生若不予以適當激勵輔導，也會喪失積極主動的學習態度，而這又是個人成就的關鍵。由於多數老師受困於大班教學的窘境，未能特別留意班上資優生的優異能力，致多數資優生未受適當的輔導。因此，父母如何激勵小孩主動學習，教師如何延續父母的努力，成為資優教育重要的課題。

總之，我們的下一代的確看起來愈來愈聰明伶俐，其教育問題也愈來愈受家長們及老師們的重視，可是由於對資優兒及其教育未能徹底了解，所以受到適當的資優教育者並不多。

所謂「資賦優異」是指人類的某種優異特質，所謂優異特質乃以最好的3％以上者為標準。這是指單一特質而言，我國特殊教育法規定所稱「資賦優異」係包括「1.一般智能，2.學術性向，3.藝術才能，4.創造能力，5.領導能力，6.其他特殊能力」等六個領域，析言之，資賦優異的特質至少包括普通智能、學術性向、創造能力、領導能力，以及各類特殊才能（如音樂、美術、體育、舞蹈、機械等）。

就單一特質的資優兒童來說，若以3％的出現率計算，國中小三百二十萬名學生中應有資優學生十萬名，然而實際上接受資優教育計畫者不到三萬名，易言之，國中小學生中只有30％接受正式的資優教育，其餘都在普通班級中和普通兒童同步學習，缺乏特殊的安排，甚至於有時還可能受到莫名的摧殘。

其實資優兒童很少只擁有單一特質，也不可能擁有全部特質，所以就廣義而言，資優兒童的出現率應不只3％，由於交叉出現的

結果，有人估計可以高於 10 ％。如此眾多的資優生卻被放逐在普通教育的洪流之中，任其隨波逐流，這是教育機會均等的理念所允許的嗎？

貳、班級教學未能提供並滿足資優兒童的特殊需求

除少數有理想有抱負的老師之外，多數班級仍然採取集體式的大班教學。為絕大多數普通兒童所設計的課程、教材、教法實在無法完全滿足資優兒童的特殊需要，當然資優兒童在本質上也是一位兒童，所以必須學習普通課程，但是，他有其特殊的能力與需求，為滿足其特別能力與需求，必須設計特殊的課程方法或活動。所以資優教育不是排除普通教育，而在配合普通教育，以普通教育為基礎，或在普通教育內部發酵改變，或延伸普通課程，或在普通課程之外附加特殊課程（或稱為適異課程）以滿足資優兒童的特殊需要。（如圖 1-1）

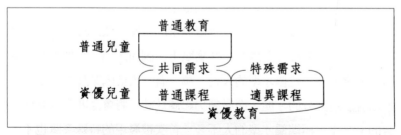

圖 1-1　兒童、需求和課程適應之關係

參、目前所提供的資優教育大多偏而不全

　　許多級任教師會抱怨班上沒有資優兒童，在資優兒童的推薦時，常常不予推薦，即使勉強推薦也大多非資優生，常在接受正式的測驗後被排除，許多家長的推薦也常常會有這種現象。其原因可能是教師和家長面對資優生的發現工作上常缺乏理性的判斷，而是訴諸情感，無法冷靜觀察每位兒童的表現，用心去發現每位兒童的優點，故在推薦資優生時，易流於感情用事，對於較喜歡的兒童給予較高的評價和肯定，因而容易擴大其優點，忽視其他優異兒童的優異特質。因此，被推薦出來的往往不是資優兒童，而真正的資優兒童卻被遺漏了。質此之故，在普通班級中不少資優兒童沒有被發現，教師如能體認到這一點，在班級中實施融合式資優教育，各種特質的資優生將會逐漸嶄露出來，至於哪些「假性的資優生」也可以從班級中資優教育方案的實施而獲得好處。如安排得宜，班級中的每位學生都可以得到相互學習的效果。

　　一般家長及教師一旦發現資優兒童的特殊稟賦之後，若把兒童大部分的時間都投注在這些特殊稟賦上，因而忽視了其他方面的學習，便會成為一位偏才型的人物。萬一有一天他因某種原因不願意繼續發展這部分的才能，而必須另起爐灶時，將會是非常困難而痛苦的。其實，極端偏才型的人不多，首次被發現的特殊稟賦也不一定是最佳的特質，當教師和家長全心全力投注於某一特質的培養時，其他特質便被忽略，甚至因而枯萎。長時間之後，若想再將這些枯萎的特質重新培育，則事倍功半，甚至可能徒勞無功了，因為兒童已喪失了興趣。

　　其實，特殊稟賦要想得到最大發展，常常必須和其他相關特質或無關特質併同發展，各種能力發展得愈好，基礎愈穩固，特殊稟賦的發展也將愈壯大。

肆、資優教育未能重視全人發展

　　我國資優教育一向重視認知性的學習，教師和家長只要求資優生有好的成績，其他方面則可以忍受。我們只看到家長和教師對資優生的學業成就給予鼓勵，對於資優生的無理要求、無理取鬧和不良習慣百般忍耐，導致資優生只會讀書不會思考、只會工作不會生活、只會做事不會做人。在群體中常常成為孤子，在友誼關係中常被視為怪人，在家庭關係中無法享受天倫之樂。這種資賦優異者對社會難有長期性的貢獻。

第二節　機會均等的資優教育

壹、每一位資優者都有接受資優教育的機會

　　目前各縣市除辦理少部分的資優教育方案外，其餘都未能為資優生提供正式的資優教育計畫。依據資優班設班標準，每班需有三十人才能成班，如此，小型學校便無成班之可能，為普及資優教育，達到教育機會均等的理想，資優教育必須多樣化，尤其應以班級為基地，在普通班級中實施，配合適當的資優教育方案的設計，使每個班級中的資優生都有接受資優教育的機會。當前世界各國積極推動融合式的資優教育，即可達到此目標，而綜合充實模式的資優教育方案正是為達此目的所設計。

貳、每一位資優生都能發展其潛能

　　資優生的先天優異稟賦常常不是單一的，而是群集的，或是多樣的，必須從小就有試探的機會，才有發展的可能，資優教育不是只教他讀書、寫字、數數，而是安排活動、鼓勵參與、細心觀察、詳加記錄、勤予輔導，才能發現其優異的潛能，做為日後發展的基礎。

參、讓每一位資優生接受全人的資優教育

　　資優生是國家未來的棟樑，是社會的中堅幹部，是各階層的領導人，是家庭的支柱，是一般人的楷模，更是健康、快樂、活力、均衡的一份子。他必須有健全的身心、均衡的情緒、敏銳的思考、卓越的能力，以及圓滿的人際關係。因此，資優教育方案必須能提供資優生發展其普通能力、創造力、特殊能力、社會能力以及情緒能力的機會。

第三節　資優教育新方向

壹、由單一能力的培養趨向綜合方案的提供

　　早期的資優教育工作者大多認為資優者有某種非常人所能及的優異特質，若能加以培養，必能在其優異特質的領域有較大的成就，以貢獻社會，所以強調單一能力的培養，例如語文、數學、科學、音樂、藝術、體育，甚至於領導能力等。然歷經近百年來的資優教育經驗，對前述的看法已有若干的修正，比較趨向於綜合方案的提供。

一、多數資優者都是有多種的優異能力，需要綜合方案以利發展。以往的資優教育計畫大多選取其中一項明顯的優異能力做為計畫目標，此種方案將使許多優異特質被忽視而無法發展，甚至可能被埋沒，非常可惜。尤其資優者在發展過程中改變興趣或生涯的機會很多，其他優異能力長期受到忽視之後，若要再加以發展常會事倍功半，因此，綜合方案的提供，可以使其各種優異能力之發展同時並進，而且利於生涯的轉變。

二、即使單一優異能力者也應適當發展其他能力，尤其資優生在成年之前，各種能力都應該加以發展，米克（Meeker）主張以優異能力配合較普通能力，或低下的能力之發展較有效果。這些能力可能是日後生活所必須的，能力的提升對日常生活會有很大的方便。例如一位音樂資優者也許缺乏體育方面的優異能

力，若放棄發展其體育能力的機會，則不僅身體健康受影響，日後的休閒生活也會有困難。其次，如圖 2-3 所示，各種能力之間有相互關聯性，提升其他能力將有助於優異能力的發展，例如：社會能力的提升將有助於情緒能力的發展，甚至於對普通能力的培養也會有幫助，所以應該施予資優生綜合發展模式。

三、某一專業領域常非某一特殊能力者的專利。以往某一專業領域常由該專業領域之專才者所表現，例如，音樂家在音樂界的表現等，可是，專業發展愈來愈專業化的今天，音樂資優者可以在各行各業發展，例如音樂界領袖、樂評家、音樂治療人員等，各行各業已接納各類專業人才，例如音樂界除樂手、作曲家和演奏家外，指揮家需有普通能力、創造力、社會能力和情緒能力，作曲家更需要創造力，樂評家、經紀人、出版商等都需要各種能力者加入，才能使各行各業多采多姿。因此，資優生除優異能力外，也應培養各種能力。

四、現代化的社會，一方面分工愈細，一方面又愈整合，許多創造發明都是各種優異能力者合作研發的結果。例如電腦音樂是電腦專才與音樂專才的結合，各行各業都可能出現優秀的文學作品和領導人才；創造力必須在各行各業中才能展現其生機。所以資優生需要綜合教育方案。

五、全人發展應該是資優教育的目標。不論是通才型或偏才型的資優者，除發展其特殊興趣的領域外，其他能力的發展應該相對進行，雖然不一定要在相同的時間，但亦不可少於正常兒童所應有的學習時間，資優生接受全人的綜合教育方案才能發展健全的人格。

六、晚近多數資優教育方案多採綜合模式。例如阮汝禮（Renzulli）
　　的三合充實模式、貝茲（Betts）的主動學習模式、柯拉克
　　（Clark）的統整教育模式。

貳、由加速學習趨向充實學習方案

　　歷年來，資優教育方案或採加速制，或採充實制，不論採取集
中式或分散式，都可以採用加速制或充實制的安排。惟近年來，加
速制已較不被鼓勵，充實制已成為資優教育的主流。其主要理由如
下：

一、雖有少數資優生因加速學習而獲益，但多數並沒有良好的結
　　果，尤其長年下來，加速者除提早獲得學位外，在生涯發展上
　　並不優於其他充實學習者。近年來雖有極少數年輕的電腦菁英
　　早年就放棄正式學校的學習而投身於電腦事業並有極高的成
　　就，但為數甚少，而且都非在正式的學校加速資優教育計畫安
　　排下進行，為普遍實施資優教育，仍以充實方案為宜。

二、加速制對封閉性知識（系統嚴明之學科，如數學、電腦等）較
　　為適用，而充實制則較適用於開放性知識（相關知能較多之學
　　科，受經驗之影響較大者，如語文、藝術等）。然而多數學科
　　屬開放性知識，需時間與經驗的累積才能發展。即使封閉性知
　　識之學科，仍可配合其他學科進行充實學習。

三、加速制不論是提早入學、提早畢業或跳級都可能使資優生喪失
　　某些系統學習的機會，例如，中途跳級者若未能補足缺漏，可
　　能對其日後的學習會有所影響。

四、單科加速或各種課程的加速學習，實際上也是一種充實學習的

方式，在充實方案中也可加以安排。

五、充實制的資優教育方案可以做多樣性的安排，可以在課程上或活動上來充實，也可以就內容、過程方法，或結果來安排充實活動，較能滿足各類資優生的特殊需要。

六、為使資優生發展各種能力，充實制可能較為適當。在前述五種能力中，如情緒能力、社會能力和創造力等都以充實方式來發展較妥當，普通能力和特殊能力中雖有部分可以加速，但仍需相當充實活動來配合。以組織能力言，國小兒童的組織能力和研究生的組織能力都應加以發展，但其程度有相當大的差異，可以安排充實活動的範圍相當廣。

七、當前資優教育以「融合式」為主流，也就是以普通班級做為資優教育的基地，在普通班級中進行，有關資源注入普通班級中，資優教育與普通班教師全力配合，為顧及各類學生的需求，以充實教學活動較為適當。

參、隨著年齡的成長，由綜合而逐漸分化，由通才而逐漸專才

　　部分特殊能力在少數資優兒童中也許很早就會展現出來，但是多數資優稟賦將在資優兒童成長過程中才會逐漸出現，尤其許多特質可經由學習而獲得，因此，在國小階段大多採取綜合教育方案，其方式可採普通能力、特殊能力、創造力、社會能力和情緒能力兼顧或採一、二個重點發展，其他配合實施，但絕不可有所偏廢，否則在未來發展上要來補救常無法成功。若在國小階段打好了整體發展的基礎，對於以後的發展和學習都有助益。國中之後，兒童的資

優稟賦逐漸顯現，有了國小的穩固基礎之後，便可開始分化教育方案，高中以後，更可以專業人才的觀點來培養。

肆、由絕對的融合教育趨向人性化的資優教育

融合教育和資源教學的差異在於後者係以資源教室為基地，而前者係以普通班為基地。主張絕對融合教育者認為，應全部撤除資源班的設施移入普通班級中（包括人員與設備），此種主張並不實際。其實，資優生之個別差異並不小於普通學生，如何適應其個別差異乃最為重要，故如何善用一切資源輔導資優生在普通班中最大發展實為重點，始符人性化的需求。

伍、培養資優生成為一位主動學習者

以往資優教育比較重視有計畫的安排，易言之，不論資優兒童的父母或學校教師都為資優生費心安排，使資優生可以順利學習，此種方式使資優者永遠無法脫離教導者的影響而獨立學習，因此，許多學者如阮汝禮（Renzulli）和貝茲（Betts）等都一再呼籲培養資優生成為一位主動學習者。然後教師才能由教導者變成輔導者，甚至離開教師或學校之後，資優者仍能主動繼續從事目標的追尋與實際問題的研究解決。

第二章

新策略新模式

　　自從實施資優教育以來，雖然訂有嚴格的標準和繁雜的甄選程序，但其結果仍離不開以智商為資優之範圍，家長、師長及同學的推薦都只列為參考而已。其實，這些都是甄選資優兒童的重要指標。歷史上最早對資賦優異加以界定研討的比奈·西蒙是以智商為標準，這種狹隘的標準到今天仍然是重要指標；其二，斯皮爾曼提出普通與特殊兩種能力，對現代特殊才能學生的甄選有相當大的影響。而塞斯通的基本能力說使我們體認到智力不是單一的而是多元的，其後所有主張也都放棄了單一要素理論，我們在甄選時雖然不採用單一標準，但實際上，還是有百分之九十以上趨向於單一要素的認定。

第一節　尋求新法以解決困境

　　美國是推展資優教育的先進國家，他們在資優教育學者的努力之下，已發展出不少不同的資優教育新方案，希望能解決資優教育上的問題。

壹、因應需要，分途發展

　　這半個世紀以來，人類遭逢最大的衝擊，天災地變的持續，不僅人類與自然間的關係極需理清，重新建立新秩序；世界大戰的結果，使國與國之間的關係，正須調整以求互通繁榮、和平永續；甚至太空科學的進步、星球間的接觸，也產生了新的問題，此非星宿神話而已，這些都有待人類以有限的智慧來處理無窮的難題。因

此，資優兒童教育也就特別受到重視。由於資優教育家們有不同的主張，在實施過程中，各家各派各有不同的想法和不同的方案，在不同的現實環境中，自然產生不同的問題，因此，各自設計各種不同的模式，以符實需。經分析之，都以充實制為主要策略，過去所強調的加速制和集中制已少見之於新模式之中。下列重點則不斷在其主張中被強調：

1. 強調多元智慧
2. 重視創思能力
3. 發展特有才能
4. 培養主動學習能力與意願
5. 注重社會服務與貢獻
6. 人際技能

貳、按圖索驥，創新模式

前述教學模式，雖多以充實為主軸，但都有其特定目的，例如SMPY 係為數學資優所設計，道德推理模式係為教導道德推理所設計，而CPS 則為教導創造性問題解決性而設計。Bruner 的教育目標分類模式旨在對教育目標加以有系統、有意義的分析，以利教學及教材編選。其他如斯坦堡的三鼎智慧模式則比較傾向於理論性的研究，至於沅汝禮的三合充實模式雖有很多人採用，但根據梅克爾的研究分析，仍有不足之處。筆者參考過去的各個模式及專家學者意見試提新模式──這種模式稱為綜合充實資優教育，期能符合我們資優教育上的需要。

表 2-1　各種資優教學模式重點分析表

	普通能力	特殊能力	創造力	社會能力	情緒能力	是否綜合	充實或加速
數學資優教育模式（SMPY）	✓	✓			✓	否	充實
充實學習服務模式	✓	✓				是	充實
普度三段充實模式	✓		✓			否	充實
普度中學資優教育模式	✓	✓	✓	✓	✓	是	充實
資優適異性課程模式	✓		✓		✓	是	充實
中學三合充實模式	✓		✓		✓	是	充實
無限才能模式	✓	✓	✓			否	充實
充實矩陣模式	✓	✓	✓			是	充實
個別化方案計畫模式	✓	✓	✓			是	充實
認知—情意互動充實模式	✓		✓		✓	是	充實
學科基本結構模式	✓					否	充實
認知教育目標分類模式	✓					否	充實
情意教育目標分類模式					✓	否	充實
技能教育目標分類模式		✓				否	充實
智力結構模式（SOI）	✓		✓	✓	✓	是	充實
道德推理模式	✓					是	充實
創造性問題解決模式（CPS）	✓		✓			否	充實
教學策略模式	✓					否	充實
多元才能發展模式	✓	✓	✓			否	充實
自我引導學習模式						是	充實
威廉氏思考和情意教學模式	✓	✓	✓		✓	是	充實
整合式資優教育模式	✓		✓		✓	是	充實
綜合充實模式	✓					是	充實
多元智慧模式	✓	✓	✓	✓	✓	是	充實

第二節 綜合充實的涵義

　　筆者根據多年從事資優教育的教學、研究和輔導的結果，了解到資優教育的諸多困境，為了解決前章所述的問題，並呼應資優教育發展的新方向，乃以綜合為緯，充實為經，兼重多元智慧的發展與主動學習的精神，設計了一套適合國情的資優教育方案。期能使每一位資優兒童都可接受適性的資優教育，因而能發展最大潛能，長期性貢獻社會，服務人群。

壹、綜合的涵義

　　綜合不僅僅是把現有的各種模式放在一起來實施，而是透過檢討、評鑑、去蕪存菁，給予有機的綜合。綜合不是以一單元的教學方案為單位，而是長時間的交叉綜合為範圍，至少一學期，可能是一年或一個教育階段，例如國小階段。為培養資優生成為一位對社會有長期性貢獻者，必須發展其普通智力、特殊能力、創造力、社會能力和情緒能力，現有的各種模式（如表 2-1 所示）各有不同的重點，有必要加以綜合。為達到綜合充實模式的目標，下列模式是較常被採取的。

一、貝茲的主動學習模式

㈠基本涵義

　　資優教育的主要目標乃在協助資優兒童認知其生計潛能，並體

驗成熟的自我實現（Feldhusen & Treffinger, 1980）。葛拉格（Gallagher, 1975）認為「內心操作符號系統的能力乃是資優的必要條件。此種能力，使資優生可以自我學習，透過想像力的運用，創造新的型式或成品，而不須藉助外力。這種符號系統使資優生成為主動學習者。」（p.10-11）

所謂主動學習者，貝茲（G. Betts, 1985）界定為：「在最少的外界輔助下，自己能夠運用擴散性及聚斂性的思考能力來解決問題或提出新的理念。」學習被動的資優兒童，絕不可能成為阮汝禮（Renzulli, 1977）所說的「對社會有長期性貢獻的人」。一位主動學習的資優學生必須具備主動學習的意願與獨立學習的技能，換言之，必須培養下列能力：

1.較積極的自我觀念。

2.了解自己的資優與群己之關係。

3.有效且適當的社會技巧。

4.豐富的基本知識。

5.良好的思考、做決定以及問題解決能力。

6.主動參與足以助長並融合其認知、情緒以及社會發展之活動。

7.願為自己的學習負責。

為此，美國資優兒童輔導專家貝茲博士特別設計了一套資優兒童主動學習模式，期培養資優兒童成為一位主動學習者。（參見圖2-1）

(二)設計原理

根據貝茲博士的看法，主動學習模式係依據下列基本原理：

1.加強資優兒童的情緒、社會以及認知的全面發展。

2.鼓勵並輔導其建立自尊心。

3. 增進其社會技能。

4. 適合資優兒童的興趣。

5. 讓學生參與指導性、開放性的學習活動。

6. 輔導學生負起學習的責任，教師僅扮演助長者的角色。

7. 培養學生終身學習的觀念。

8. 強調科際整合學習，培養學生較廣泛的基本技能。

9. 將高層思考技能統整於學習活動中，並不斷予以增強。

10. 培養學生適當的發問技巧。

11. 允許學生各種不同的反應，鼓勵創新而獨特的學習結果。

12. 訓練學生把握重點，提出重要觀念和關鍵性問題。

13. 以「深入研究」取代學習過程中的時空限制。

14. 輔導學生在研究中善用各種資源。

15. 鼓勵學生參與個別或小組的學習情境。

16. 研討座談和深入研究是學習過程中的基本要素。

17. 重視典範的提供，以利資優生認同學習。

㈢基本架構

　　要培養資優兒童成為一位主動學習者，課程設計必須針對其獨特的能力與興趣。主動學習模式正是依此原則設計的，其主要架構包括定向、個人發展、充實活動、研討座談以及深入研究等五個層面（參見圖 2-1），茲分述如下：

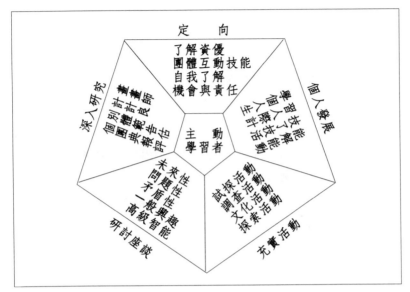

圖 2-1 資優兒童主動學習模式

1.定向的層面

　　設計此層面的主要目的，在協助資優兒童真正了解資優、創造力等意義，並從團體互動中了解自己、他人與團體等之關係，期以下列活動達此目的：

⑴了解資優：以往許多專家學者為避免資優兒童造成驕慢的心理，故盡量不談資優，或不讓他知道自己是資優。其實，讓兒童了解資優的真諦，並使與社會責任相結合，對輔導資優兒童成長發展將更有助益。讓兒童從閱讀名人傳記、親自訪問名人及邀請名人演講座談等活動中了解資優者的特性、生活情形、奮鬥的經過以及成功的經驗等，進而見賢思齊，對資優兒童潛能之發展，助益甚大。

(2)團體活動：資優兒童很可能成為未來社會的領導者，因此，特別安排各種團體活動，讓兒童有機會認識他人、結交朋友，進而關心他人、服務公眾，以增進群己互動之能力，使成為團體中一位主動積極、樂觀進取的成員。

(3)自我了解：除了從其他資優者了解資優，從團體活動中體會並訓練人際關係之能力外，尚應安排各種活動以了解自己的興趣、能力、優點、特長等，以培養較積極的自我觀念。

(4)機會與責任：讓兒童了解機會就是責任的道理，把握機會是每一個人的責任。有責任感的人才會看到機會，本活動在協助兒童有機會發展「自我成長計畫」，並輔導其主動負起執行該計畫之責任。

2.個人發展的層面

　　輔導資優兒童了解資優與群己之關係及其所代表之社會責任後，第二個層面就必須發展其個人所需之各種知識、技能與方法。也是成為一位主動學習者所必備的條件。

(1)增進學習技能：主動學習者應具有獨立學習之能力。其主動學習技能包括邏輯思考能力、創造力、研究能力、問題解決能力、做決定，以及利用媒體之能力。

(2)增進個人了解：個人的了解是個人發展的重要部分，因此，應安排各種情境使資優兒童接納自己，培養積極的自我概念及適當的行為，了解個人的責任，以及創造健康的生活型態與人格等。

(3)學習人際技能：良好的人際技能是資優兒童主動學習的要件，也才能培養兒童成為終身學習者。重要的人際技能包括溝通、晤談、討論、領導，以及其他團體互動能力等，都應安排活動

予以培養。

(4)促進生計發展：經過前述的活動後，兒童已可進入未來的探討了。重要內容包括生計探討、生計了解、生計計畫，以及生活參與等。資優兒童不僅要了解今日世界的各種行業，更要試探未來的各種挑戰性的工作。

3. 充實活動的層面

　　資優兒童通常專心於某一學習領域，以致在學習上、態度上、興趣上有日趨狹窄的傾向，因此，必須安排各種超越資優兒童本身的各種學習領域以及其歸屬團體之外的充實活動，以增廣見識，奠定未來主動學習基礎。包括各類文化性、服務性、休閒性等的探索活動。

4. 研討座談的層面

　　前述各種活動係以「學習」、「吸收」為主。研討座談活動，雖也是學習活動之一，但重在經驗的分享和交流。首先，資優兒童應學習如何籌備研討座談，如何主持、安排座談會之進行。如何選定主題、如何收集資料、如何分組研討等。學生可分為未來組、衝突組、問題組、一般興趣組、高級組及其他等。學生可輪流參與各組，以利試探。各種研討座談，盡可能讓兒童主持，教師從旁指導，以培養領導能力。

5. 深入研究的層面

　　主動學習模式的目標，在培養資優生成為一位能夠深入研究的主動學習者。定向的學習活動奠定了基礎，個人的技能發展增進資優兒童的學習知能與學習工具，充實活動與研討活動都可以充實資優生的各種能力，最終目的乃在做為深入研究之準備。這一層面主要包括研究草案的撰寫、個別與團體研究計畫的進行、

典範良師的選擇與追隨、研究結果的展出與評估等。

二、阮汝禮的三合充實模式

　　阮汝禮（Renzulli）的三合充實模式（Triad Enrichment Model）
（見圖 2-2）首在發掘資優生的興趣領域和喜好的學習風格，從而
輔導學生研究方向，配合學習方法的訓練和學習技能的獲得，且以
實際問題為研究導向，構成統整的資優教育方案，故許多資優教育
工作者樂於採用。

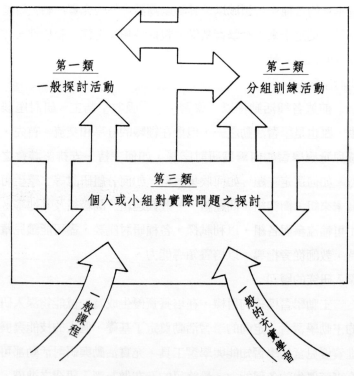

圖2-2　三合充實模式

㈠基本內涵

　　阮汝禮（Renzulli）的三合資優充實方案主要包括三類學習活動：

　　（類型Ⅰ）一般探索活動

　　（類型Ⅱ）分組訓練活動

　　（類型Ⅲ）透過個人或小組活動研究實際問題

前兩種類型的充實活動適合於所有的學習者，但資優兒童需要全部三種充實活動，其理由如下：

1.可以促使學生擴展他們興趣、發展他們思考能力和充實他們的感覺過程。

2.前兩類活動提供合乎邏輯的教材並且支持第三類的充實活動。

㈡活動示例

1.類型Ⅰ

　　　　在充實活動的過程中，教師應該允許學生實地參觀、拜訪社會資源人士或專家、學者，以增長自己的見聞和興趣。興趣領域應該包括廣泛的主題或研究的範圍，它不僅包括進一步的刺激物，同時也包括研究方法的資訊。

　　　　學生參觀或拜訪的應該是人文薈萃之地，那兒充滿了研究動力、追求知識與凡事追根究底的人。學生應該有機會去拜訪學者專家、博物館館長、工程師以及其他專業人員或者實際參與他們的活動；請來演講的專家必須是對自己研究領域專精而且肯繼續不斷努力的人。

　　　　教師在這個探究的活動中有兩個重大任務：

⑴發展、評析學生的興趣與確定更進一步研究的範圍

　　　　利用興趣量表工具來檢視學生目前和潛在的興趣（Renzulli,

1977），這個工具包含一連串假設的情境，允許學生做開放式的回答。教師在使用這個工具時，必須使用學生熟悉的項目內容，他們可以修正或加入他們的觀點，尤其是年紀小的或是來自不同文化背景的兒童。

⑵隨時給予學生表現創造力的機會

從社區尋求值得信賴的顧問，這個顧問除了學養專精外，還願意不斷的指導學生。「社區天才礦工」（Renzulli, 1977）是阮汝禮為了調查社區資源的一個樣本形式。

興趣發展中心、實地參觀和社區資源人物的訪問都是這階段的重要活動。學生也有機會來檢視他們可能研究的主題。例如：他們被允許到圖書館或書店去瀏覽圖書，隨時被鼓勵去讀些「如何去做」的書籍，並且有機會和一些非正式的組織團體討論問題。

2.類型 II

任何提供人類思考和情意過程的學習都可以透過這種充實活動以竟其功。布魯姆的教育目標分類、克瑞斯沃的情意行為分類、基爾福的智力結構、帕恩斯的創造性解決問題、塔巴的教學策略以及郭爾堡道德兩難模式等就是這類活動的最佳典範。不過在選擇活動時要特別注意的是，一定要以學生的興趣為依歸。

活動三的問題研究是以這個活動為基礎，所以學生必須獲得此過程的技巧和能力後，才能充分發揮獨立研究的功效。下面是阮汝禮（Renzulli, 1977）所提出的一些技巧和應具備的能力：腦力激盪、比較、巧思、觀察、範疇、假想、分類、組織、警覺、說明、流暢性、鑑賞、分析、容通性、價值澄清、評鑑、獨創性、執行。

3. 類型 III

　　教師在這個學習活動中扮演著一個知道何時或如何介入活動的處理者的角色。他的任務如下：

⑴認同和使學生的興趣集中。

⑵給學生呈現作品的機會。

⑶提供學生方法上的協助。

⑷發展一個像實驗室的情境。

　　第三類充實活動能否成功，端賴以上四個基本任務能否充分發揮其功能，教師角色之重要於此可見。

　　教師必須應用適當的調查策略，以研究取代報告，允許學生自行做決定，並且給予學生展示成果的機會。下面是一些在第三類充實活動中可行而且較為特殊的例子：

⑴撰寫日誌。

⑵在討論會中提出報告。

⑶對立法者提出問題的質詢。

⑷成立視聽技術公司。

⑸出版圖書。

⑹編寫劇本。

⑺發展新理論。

⑻組合工藝品。

⑼撰寫手冊。

　　最後須再一提的是關於作品的品質，教師在學生創作的過程中必須輔導學生使其作品精益求精，學生應避免反覆贅述，或尚未潤飾、修正就提出成果。

　　教師的任務在提供學生查尋資料以及解決問題所必須的方

法、技能。除了檢索圖書卡片目錄以及杜威十進法系統的查尋資料外，必須教予更深一層的圖書館技能，培養學生有能力分辨兩種以上參考資料在意義、本質及功能上的不同。

　　發展一個「實驗室的環境」也是第三種充實活動很重要的工作，學生在這氣氛下可以與志同道合的人切磋琢磨，可以很方便的找到要用的第一手資料或資訊的來源以便創作，這種環境可以是在實驗室、街角、小樹林、視聽教室、小鎮的會議廳或在市立圖書館裡。

　　「管理計畫」是教師開始進行活動時一個很好的策略（Renzulli, 1977）。這種計畫是把研究內容加以簡化而提供的一種模式。學生需要預想研究目的、撰擬研究計畫，此種計畫經審視可行後就可以著手進行研究工作。

三、崔分格的自我引導模式

　　資優教育最重要的目標之一，就是在發展學生自我引導或獨立學習的能力，使其能夠不在教師督導下主動學習。但是，許多資優兒童竟仍舊缺乏自我引導的技能，因而無法獨立學習，也自然難於達到主動學習的境界。為培養資優兒童自我引導的學習技巧，崔分格（Treffinger）特別設計了一套自我引導學習模式（Self Directed Learning Model），以漸進的方法，引導學生獲得自我引導的學習技能。茲簡要說明於後：

㈠基本內涵

　　在四個教學階段之下，崔分格將自我引導的過程分為四個層次。這四個層次的活動性質由教師引導的歷程逐步發展到完全由學生引導自己，其詳細敘述請參見表 2-2。

㈡**實施方法**

　　在使學生逐漸朝向自我引導的學習之前，教師應先評量自己能夠給學生多大的自由？學生能不能決定自己的學習領域？他們的選擇僅限於學習的速度及步調呢？還是可擴展到學習的內容及順序？誰來評量學習結果？教師願意給予學生多少自我引導的自由？

表 2-2　崔分格的自我引導模式

教學階段	自我引導的層次			
	教師引導	自我引導 1	自我引導 2	自我引導 3
訂定學習目標	教師訂定目標	教師提供學生選擇的機會	教師與學生共同創造選擇的機會	學生自行決定學習內容，教師提供資源及教材
評量起點行為	教師施測，並診斷學生學習水準	教師診斷，提供學生一些選擇	教師與學生針對個人的資料及測驗結果，共同診斷學習水準	學生自我診斷，必要時教師提供諮詢
進行學習活動	教師呈現教學內容，提供學生練習及活動機會，並加以督導	教師提供學生選擇，以依據學生的速率作個別化的學習	教師與學生訂定學習合約，提供資源及選擇，讓學生決定學習的順序及速率	學生訂定研究計畫，設計活動過程
評量學習結果	教師評量學生，並給予成績	教師依據學習目標評量學生，並給予意見反應的機會	同儕互評，或由師生共同評量學習結果	學生自評

　　其次，教師必須觀察每一位學生在四個教學階段自我引導的程度屬於哪一個層次。對於普通學生而言，大部分均在教師引導的層次；但對於資優學生來說，即使年幼的孩子也能在教師訂定的教學目標之外，找到自己所要學習的領域，也就是第二個層次；換言之，

教師要大略決定學生在每一個階段屬於哪一個學習層次，**讓他們盡
可能的自我選擇活動**。如果學生已經能夠完全自我引導，便不要他
們經歷較低層次的學習方式，而要提供他們更多獨立研究的機會。

　　為了評量學生自我引導的層次，教師可以多方觀察以收集訊
息。觀察的資料可來自於師長，也可來自於兒童本身；**觀察的工具
可採用正式的評量工具，也可採用非正式的觀察方法**。最常用來評
量學生自我引導層次的工具，是採用自評量表，讓學生依據自己的
特質及需要作答。

　　其他如「學習風格量表」（Dunn, Dunn, & Price, 1975）可以協
助教師了解學生的情緒特質，如動機、持續性和責任感，以及了解
學生需要結構化的或是彈性化的學習環境。

　　此外，教師為了解學生的能力及喜好，仍舊需要運用各個來源
的資料：多方觀察學生以了解學生自我引導的能力；此外，**同儕、
其他教師及家長的意見均值得參考**。

　　為了有助於診斷學生之自我引導程度，崔分格提供了一份檢核
表（見表 2-3），題目來源參考了多種有關自我引導學習特質的問
卷內容及研究報告。它們按照崔分格的模式分類。這份檢核表一方
面可以診斷學生的學習層次，用以設計學習活動；另一方面也可以
評量學生的學習結果，以了解其是否能逐漸邁向高層次的自我引導
學習行為。檢核表可由學生本人、家長、學生過去的教師及現在的
教師填答，以由各方觀點評量學生，減少自評量表的缺點，使問卷
的結果更為客觀。

表 2-3　自我引導學習特質檢核表

教學階段	學習層次	學習特質或技巧
訂定學習目標	1	(1)只學習教師所給的主題。 (2)不主動提出問題。 (3)只能對特定主題運用策略做決定。 (4)不會預測學習結果。
	2	(1)能從教師所提供的數個主題中選出喜歡的主題。 (2)偶爾會提出問題。 (3)能對少數若干主題運用策略做決定。 (4)偶爾能預測。
	3	(1)能自選主題。 (2)能提出各種問題。 (3)能對各種主題運用策略決定之。 (4)能做各種預測。
評量起點行為	1	(1)能從數種必要技巧中選出最重要的一種。 (2)當告訴他要達成目標需具備一些先前的技巧時，他能了解為什麼這些技巧是必須的。 (3)教師診斷技能發展狀況，了解他的目的。 (4)當為達成某一項目標而告訴他一些活動細節之後，他能將最重要的部分挑選出來。
	2	(1)能指出教師所未提及的先備技能。 (2)能在教師的協助之下，指出要完成某些工作或專案研究所必備的技巧。 (3)能討論自己技能發展的層次。 (4)能仔細考慮完成某項工作必須的活動細節。
	3	(1)能找出完成某件工作或研究所必備的技巧。 (2)能將自己對於起點行為的診斷結果取之與標準化測驗或教師自編測驗的結果互相對照、比較。 (3)能將學習領域必備條件中教師未發現的，而個人認為是需要的技巧找出來。 (4)能考慮到完成某一件工作或研究所必須的全部活動細節。

進行學習活動	1	(1)採用編序的工作卡片學習。 (2)能夠連續一個星期研究自己喜歡的主題而不失去興趣。 (3)能夠連續二個星期研究自己喜歡的主題而不失去興趣。 (4)能夠選擇最適用的一份資料或訊息。 (5)能夠決定何者是完成工作所最需要且最有價值的資料。 (6)當告訴他完成某一件工作可能會有哪些活動時，他會選擇一些最重要而能夠發揮實際成果的活動。 (7)能選擇最重要、最有效，且最有興趣的方法完成工作。
	2	(1)由教師建議的活動中，選擇適當的活動。 (2)能夠連續一個月研究自己喜歡的主題而不失去興趣。 (3)能按照合約上的活動目標、過程，及日期持續研究。 (4)能就某一主題，自己尋找資源。 (5)能將一個研究大略分成幾個重要部分，但詳細的活動過程及步驟需要他人的協助。 (6)當給予一些方法以完成某項研究工作時，他還能再指出別的方式。 (7)能在時間內有效完成某件工作，但結尾總是很匆促。
	3	(1)不必要提示即可選擇或自行發展學習活動。 (2)工作專注，中途不會減低興趣。 (3)能運用索引卡及其他方式找資源。 (4)能選擇最有價值的資源。 (5)能將一個活動細分成許多步驟。 (6)能指出完成工作所可採用的方式。 (7)能在時間內有效而從容地完成工作。

評量學習結果	1	(1)教師需要依據某些標準每天給予回饋。 (2)能夠對於教師的評量作反應（同意或不同意）。 (3)當教師告以優缺點時，能對自己的工作結果加以檢討。 (4)當給予不同的評量標準時，能了解這些標準為何。
	2	(1)工作期間需要教師的回饋以完成目標。 (2)除教師的評量標準外，能夠再找出其他的標準。 (3)能與教師討論工作進行的情況。 (4)能指出自己的學習結果的優缺點。 (5)當提供不同觀眾所需要的不同評量標準時，能選擇最重要的。
	3	(1)能自行決定評量的標準。 (2)自評與他評的結果十分相近。 (3)能明確指出學習結果之一般的及特殊的優缺點。 (4)能指出不同人士在評量該成果時所可能採用的標準。

㈢基本目標

　　崔分格的自我引導學習模式讓教師能夠協助學生由教師引導的層次，邁向自我引導的層次。姑且不論資優學生是否能夠具備自我管理的能力以獨立學習，本模式提供了師生一個漸進的方法，使學生能一步步邁向自我引導的目標。在這個過程中，教師與學生的角色不斷在互換，學生在最後肩負較多的責任。教師的角色由引導者到抉擇提供者，再到資源提供者；而學生的角色則由被動學習者到機會的發展者、選擇者，最後變成一個診斷者。（見表 2-4）

表 2-4　自我引導學習模式中師生角色及活動舉例

步驟、型態或思考層次	學生		教師	
	角色	活動舉例	角色	活動舉例
教師引導	被動者	・學習教師認為重要的事物。 ・完成教師指定的學習活動，並接受學習結果的評量。	引導者	・決定學生的學習目標。 ・提供作業及活動，安排技能練習的機會。 ・實施評量，建立標準，評分。
自我引導層次 1	選擇者	・由教師所提供的機會中選擇學習目標。 ・依照個人的速度獨立學習。 ・對於教師的評量予以反應，並加以討論。	提供者	・提供學習目標及內容以供選擇。 ・發展診斷的程序討論、方向及內容。 ・根據教師目標評量學習結果，並與學生討論，提供反應的機會。
自我引導層次 2	機會發展者	・與教師討論個人感興趣及需要的活動，以及個人的長短處。 ・與教師討論學習進步的情形。 ・根據評量的結果發展新的學習活動。	機會發展者	・與學生討論了解其興趣、需要及優缺點。 ・提供資源，協助學生訂定學習合約。 ・協助學生選擇評量的方法以及標準。 ・與學生討論評量的結果。

自我引導 層次 3	引導者 診斷者 評量者	・訂定自己的學習目標。 ・確定自己的興趣、需要以及優缺點。 ・發展研究主題、學習活動、學習地點以及學習速度。 ・根據評量的結果發展新的學習目標或活動。	資源人士、顧問、協助者	・協助學生建立目標。 ・協助學生診斷自己的能力水準及需要。 ・必要時協助學生發展學習活動。 ・協助學生自我評量或根據評量結果發展新的學習活動。

四、魏爾斯的創造思考技能群集模式

　　創思技能是資優生值得發展的重要能力，也是本課程所重視的。本課程主要參考魏爾斯創思群集模式。魏爾斯（Wiles）認為創造思考可以加以訓練，在創造思考訓練的過程中，許多基本技能必須加以培養。魏爾斯把這些和創造思考訓練有關的基本技能，彙整成一有系統之群集，可供資優教育中方法訓練的參考資料。茲略述如後：

㈠組織技能

1.組織資料：能就多樣分歧的材料依據下列原則加以安排、組織成一個具有完整功能的整體。

　　⑴統一原則：將物品依相似性、對稱性或完整性組成統一的整體。

　　⑵組類原則：將同性質或同用途的物品予以組合。

　　⑶異同原則：依物品之相似性和獨特性加以歸類。

　　⑷省略原則：指出缺漏的部分。

(5)等級原則：依物品之品質或預定之標準排出等級。如依大小、
　　輕重、多少、高低或優劣等。

(6)分類原則：依物品之用途和特性分類。

(7)關聯原則：指出物品間或資料來源間所存在的關係。

2.建立語彙：學習語彙、運用語彙。

(1)組織性語詞：能運用語文來組織、評等或區分有關資料。

(2)分類性述詞：能運用語文將物品加以分類。

(3)視覺性述詞：以形容詞描述所見之景觀或圖貌。

(4)替代性述詞：以另一種語文做更精確之描述。

(5)文化性述詞：能以本國語文或俚語溝通。

(6)教學用語言：能運用指導性或教學用語言。

(7)語幹結構：了解文字結構之部首、偏旁或造字原則。

3.提出自我導向的問題：能針對活動歷程或基本要素，提出偏離主
題或思想中斷最少的問題。

(1)揭露主要事實：提出可以顯示關鍵消息的問題。

(2)標示方向：提出可以顯示事件發生流程的問題。

(3)發現式問題：可以提出運作模式或因果關係的問題。

(4)組織方式：提出可以顯示資料組織方式的問題。

(5)尋求替代方法：提出可以顯示各種可行選案的問題。

(6)界定問題：提出可以界定主題範疇的問題。

4.提出關鍵性問題：提出轉接點的問題或一系列能解開訊息的關鍵
問題。

(1)顯示轉變關鍵：提出可以指認學習根源或轉變關鍵的問題。

(2)揭露／擴大資料：提出可以顯示前未注意到的消息或特性的問
題。

(3)界定次問題：提出可以引發深入探詢或分析的問題。

(4)構成問題：提出有助於探索事情的問題。

(5)分類或界定：提出可以說明資料與其他已知消息之資料來源間相關情形的問題。

(6)指認影響因素：提出可以顯示影響所學習事物的情況。

5. 界定問題：對問題的本質限制其範圍，經分析和綜合以後，即成為可處理的問題。

(1)界定範圍：提供採用／排斥現有資料的標準。

(2)分析／綜合資料：重新組織資料以利實用。

(3)選擇中心資料：按特殊使用需要選取資料。

(4)選定研究方法：指認研究問題的方法。

(5)列出資料之先後次序：依重要性或相關性之程序將資料排定順序。

(6)發展思考模式：發展思考方法或將問題概念化的方法。

6. 通則化：對資料所形成的計畫、說明、法令、規章或安排的認同，以及對現有資料加以擴張或顯示其新的應用。

(1)說明規則或定理：提供描述情況或操作的正式說明。

(2)組織資料：組織資料以提供知識。

(3)延伸資料的應用：運用資料使之超越現階段的知識及應用。

(4)資料個人化：將資料應用至個人或獨特的情境上。

(5)發掘代表性資料：選取代表所有資料的關鍵觀念或資料。

(二)概念化技能

　　資料經系統化組織，為便於思考，須加以概念化，故概念化技能至為重要。

1. 關係的研究：在兩個或兩個以上事物中，指出其相似特質、共同

特質以及相關功能的品質，或從屬條件、關聯情形等。

(1)顯示關係：指認具有相同特性的事物。

(2)發掘相似性：從一系列相似的事物中發掘必要條件或性質。

(3)指認從屬性：指認出有從屬關係的事物。

(4)注意重複樣式：指出資料或研究事物中的重複樣式或次第程序。

(5)加以編碼化：正式組織事物以建立事物間的關係。

(6)找出固定關係：指出事物間的比例、比率、組性及其他固定的關係。

2.了解關聯性：了解一些可能形式或有共同限制、聯結、順序的事物，並了解有關的系列的解釋和觀念的流暢性。

(1)運用類推：以類推或其他方式產生可能的聯想。

(2)發現新的運用方式：在現在關係基礎上，建議新的關聯。

(3)完成整體：能從部分看出整體。

(4)區別形狀背景：從眾多事物中指認出主要的形式或特徵。

(5)再視覺化：以視覺意象為基礎觀察事物。

(6)觀察物品／發現物品：在環境中指認出已研究過的物品。

(7)精化觀念：延伸現有的關聯，形成新的關聯。

(8)觀念的聯結：從物品的概念中，塑造物品的模型。

3.組合再組合：對相關事物、相關項目、收集物等關係的統整化，並將現存的關係加以處理，聯想成新模式。

(1)基本因素的重組：按特殊目的來組合及再組合資料。

(2)發掘替換模式：經由再組合發掘替代的型式或方式。

(3)構成新組合：在一定期間內構成另外的型式或組合。

(4)整理：將事物劃入基本模式裡，以便整理。

4.發展概念：解釋心中的概念或抽象思想，以及從特例中產生的概念。

　(1)解釋通則：綜合解釋通則形成概念。

　(2)圖文轉譯：以文字或圖畫來反映情感。

　(3)知覺的形成：按書寫的觀念形成知覺。

　(4)形成重要觀點：從資料群中選錄出主要觀點。

(三)**結構技能**

1.知覺轉化為符號：將心像或印象濃縮或組合成同一的記號或符號，將無意識、可觀察的聯結關係顯現出來。

　(1)事件代號化：以符號、簡字或其他記號來代表事件。

　(2)符號組合：從兩種現存符號中另創第三種符號。

　(3)視覺式簡化：設計視覺上的符號以簡化或建議某觀念。

　(4)匹配媒介物：將思想或事件與不相關的媒介物匹配形成關聯。

　(5)設計速記記號：以成語或俚語來縮減文字或思想。

2.意象的運作：以個人的目的為導向，重新複製或創造符號之形象，並作嘗試性安排以及掌握可觀察的代表形象。

　(1)圖畫式思考：以圖畫式思考及表達方式來代表觀念。

　(2)應用符號：尋求應用現有符號的環境。

　(3)倒轉形象：從倒轉的形象中認出正確的形象。

　(4)嘗試性安排：以視覺操作來嘗試安排及重新安排物品。

　(5)形影運作：將形狀背景的性質顛倒，找出潛在的物品。

　(6)選擇性的知覺力：在審視圖書或資料時，搜尋特定事物或形狀。

　(7)手勢：以手勢傳達意象。

　(8)控制意象：審視事物或資料時，維持某一心理意象。

(9)潤飾觀念：延伸觀念至一般意義或應用以外的程度。

3.建立模式：形成全套的計畫，結構式的設計或敘述，使之有助於系統化、組織化。

(1)辨認系統：從物品或運作中辨認或描述一項系統。

(2)建構的說明：以資料略述工作的範圍與設計建構的主要目標。

(3)運作機轉：示範運作機轉的運作部分。

(4)繪圖／設計：經由繪圖或設計顯現出所計畫的結構及用途。

(5)公式：將模式內之關係變成公式或方程式。

(6)大自然的審視：在大自然中辨認相似的設計或作用。

4.符號式的思考：對一個記號或代表運作、關係或觀點的形式，運用符號形式來反應、理解或想像，即以符號作為思考的運作主體。

(1)設計「符號」：設計符號或速記記號代表文字。

(2)解釋「符號」：鑑認及解釋一般常用的符號，如地圖上的記號。

(3)符號式寫作：以符號畫寫句子。

(4)代表性符號：設計代表事件工作或聯合兩事項的符號。

(5)手語：設計可用的手語／手勢溝通方式。

(6)非語言式傳統訊息：閱讀及傳遞非語言性訊息。

㈣知覺技能

1.過程的分析：尋求發現導致結論的運作模式，決定歷程中的順序性活動或成功的關係、性質。

(1)關鍵功能：辨認運作或進行過程中的關鍵部分。

(2)顯示活動型式：辨認運作或進行過程的順序或自然順序。

(3)循環：辨認活動中重複的過程或模式。

(4)演進改變：將科技上漸進的改變反映在過程的改變上。

(5)效率：調整過程以求更高效率。

(6)設計：依特定工作設計裝配過程。

2.圖示結構：仔細評估每一種安排、形式、模型，以及調查結構的關係。

(1)評估安排：解說一項結構的組織及形式。

(2)關鍵因素：區分結構的成份與外觀。

(3)探查結構：探查所研究物品的結構成分。

(4)結構基礎：辨認物品的結構基礎。

(5)平衡特色：辨認結構設計上的對稱或平衡特色。

3.知覺的綜覽：在探求形式中，以綜覽掃描方式一再檢討熟悉和陌生的事物，對所有特點逐一地詳為檢討，在不脫離綜覽的原則下，研究事物的構成。

(1)檢討特點：逐點檢討，尋找特點。

(2)有方法的檢討：以特殊方式檢討事物。

(3)注意不平常的部分：檢討物品特出或遺漏的部分。

(4)靠記憶審視：靠記憶來檢討物品的創設及作用情形。

(5)反映式審視：審視物品以發現趨勢或模式。

㈤操作技能

1.延緩判斷：當研究新的組合、模式或聯想時，暫緩下結論，當設定價值或假設意義時，延緩形成意見。

(1)延緩判斷：當學生正經歷某種經驗時，延遲對比經驗的價值判斷。

(2)替代的解釋：列出所審視物品的可能用途或與平常不同的解釋。

(3)次級解釋：想出所審視物品的第二及第三用途。

(4)推測：顯示對事件發生的原因的推測或最佳揣測。

(5)辨識「刻板印象」：辨認因過早下判斷所造成的刻板印象例子。

(6)科學方法：於對照實驗情境中，採用科學化的證明方法。

2.故意扭曲資料：將事實性的訊息或一般人所接受事物的比例、情境、形狀或意義加以改變。

(1)改變比例：改變日常事物的情況或形式以達到特殊要求。

(2)改變用法：發展一般事物的用法及新奇結構。

(3)對當然之事質疑：對日常事物的結構提出問題。

(4)模擬：以「模擬」方法測驗替代用法的可行性。

(5)尋找形式：於不同地點、不同情況中指認出共同事物。

3.有根據的幻想：發展前所未有的變革和應用訊息的方式，以及從可辨認的形式開始，自由運用創造性想像力。

(1)超越知覺經驗：想像前未經歷過的事物或經驗。

(2)意象的自由創作：依特殊目標創立意象。

(3)意象的應用：將資料應用到新奇的或未試過的情境內。

(4)故意的扭曲：故意扭曲真實物品。

(5)荒謬的變異：想出已知物的荒謬變異。

(6)集中意象：從共同事物中找出意象。

五、梅克爾的教學模式改變原則

梅克爾（Maker）在其《資優教育教學模式》一書中提出了廿五項教學模式和課程改變的原則，可供從事資優教育工作者綜合教學模式時之參考。經筆者綜合歸納整理為廿一項，說明於後：

㈠抽象性

　　各種資優教學模式並非都提供抽象性的課程與教學，一般教學原則固然應是具體化先於抽象化的教材，但是，對於資優兒童而言，具體物的教學只宜做為範例，進而導引到抽象的概念學習。蓋資優教學不只在於具體實例學習，更應重在抽象概念思考的教學。所以抽象性便成為綜合課程不可或缺的原則。

　　所謂抽象化的過程，也就是抽取同類實物之特殊屬性而形成該類事物之概念的過程。例如兒童學會數出三張椅子、三個人、三枝鉛筆或三輪車等實物，經過抽象化之後形成了「三」的概念。普通兒童可能要花很多時間在具體事物的學習（智能不足兒童的學習更是幾乎都在於實例的學習），資優生則應該多由具體而抽象，形成概念。如此，較能類化、推論，也較能從事較高層的思考。

㈡複雜性

　　為適合資優生的特質，目前各種資優教學模式都能提供複雜性較高的課程與教學，資優生所需要的應該就是具有較複雜性概念的課程和學習環境，所謂概念的複雜性乃是指該課程中或教材中所含的概念數而言。例如：「等腰直角三角形」的概念就較「三角形」的概念複雜，因為等腰直角三角形至少包括「等腰」、「直角」和「三角形」三個概念，較「三角形」多了兩個概念。同理，通則層次較概念層次複雜，因通則層次不僅涉及較多、較複雜的概念，而且概念間也具有較密切、複雜的關係，甚至可能涉及較多的學科領域或較廣泛的知識內容。例如：「一個國家的進步，固然有較少數菁英份子的創新和倡導，但是，仍需多數民眾的努力實踐。」這是政治理念上的通則，包括眾多的元素綜合，其複雜度當然較高。至於學習環境的複雜性，包括學習環境的布置、學習材料與活動方式

的提供，尤其作業的指定等都應予重視。

　　總之，綜合模式應重視複雜性課程的提供。

㈢多樣性

　　許多資優教育模式著重在單項能力的培養，此種方式並不能滿足多數資優兒童的需要，蓋資優生興趣較為廣泛，學習能力強，必須要有多樣化的學習活動，才能符合其特性。如前所述，複雜化是指概念數的多寡和抽象化的程度，而多樣化乃是指項目的數量。例如設計數學課程時，可以在同一單元中包括許多相關的水平或垂直概念，也可以在一單元中安排不同類的課程內容或領域。前者屬於課程的複雜性，後者屬於課程的多樣性。許多資優課程設計都包括社會學、環境科學和動物學在內，目的在使資優生加強學習，使資優課程內容能夠超越普通課程的範疇而伸展到所有知識的主要領域，以增進其對知識領域複雜系統的了解，不僅可以滿足其優異智能的需求，更可協助其建立學門的類化系統，做為日後形成自我思考系統的基礎。再就資優生的學習和人格特質而言，其樂於大量攝取知識，厭煩單調的例行性學習，敏於美的感受，以及對於人生問題的廣泛興趣，都需要多樣性和複雜性的課程才能滿足其需要。在學習成果報告方面也應力求多樣性。以往，資優生常以書面或口頭報告呈現研究成果，甚為方便有效，但是，我們可以鼓勵資優生運用創造思考，以不同的方式展現研究成果。例如，可以將書面文字資料轉換成圖表或實物照片等；也可以演戲的方式代替口頭報告，並可以錄音、錄影或幻燈片等來呈現，甚至可以說明會、討論會和辯論會來取代展示會，這些轉換的方式既可激發思考，又可培養規畫能力，更可增進展示效果。

　　其次，資優生的研究成果，除了綜合或摘要他人的發現和結

論，應要求學生徹底消化，並轉換成較高層思考的型式。為求達到
研究成果轉換的目的，基爾福特建議六種形式，包括單位的、類別
的、關係的、系統的、轉換的和應用的。各型式間的轉換可以變化
研究成果的呈現方式。

　　研究成果的轉換係將原始資料透過型式的改變、各種媒體的運
用、層次的提升、呈現方式的變化，以及內容的強化等而成為有意
義、有價值的數據，便於說明和應用。其方式包括：(1)改變角度；
(2)重新解釋；(3)詳盡說明；(4)擴大或超越；(5)同時聯結；(6)增加細
節；(7)設身處地；(8)抽象化概念化等。

㈣經濟性

　　教學模式的綜合必須考慮師生雙方的經濟性。包括人力、物力
和財力。易言之，如何節省師生教學和學習的時間，能以最少的時
間產生最大的教學效果，又可節省教學活動的經費等，一般而言，
善加計畫、組織的模式，便於學生學習，較具有經濟性。

㈤典範性

　　資優生可以見賢思齊，產生楷模學習的效果，楷模學習乃是社
會學習理論的重要主張。資優生學習的楷模主要有兩類。第一是資
優或有成就的名人，其中以資優特質或事業成就和資優生相近者較
佳。由於特質上的相近，更容易使資優生產生認同感。資優生以名
人為研究題材，可以了解其資優特性、家庭背景、人格類型、工作
動機等，進而研究其生涯計畫或生涯發展之過程，以及在工作中所
遭遇之困難與挫折，尤其使資優生了解名人如何克服困難之策略或
方法，使資優生了解上天賦予資賦優異，並不一定保證成功，仍然
必須努力奮發、克服萬難，才能成功。同時，可以讓資優生了解名
人在生涯發展過程中何者為助力、何者為阻力，如何善用助力，減

少阻力，以建立良好的人際關係。至於名人的領導目標、人生態度、社會互動，以及生涯規畫等都值得加以研究。第二種楷模是慈善家或宗教家。一般而言，資優生往往將成功歸之於自己的能力，因此，較少注意社會責任。吾人必須使其了解機會與責任的對等關係。易言之，上天給予他資賦優異，使較一般人有更多的成功機會，則應為社會負更大的責任，願意為社會付出心力。因此，宜安排訪問慈善家和宗教家，使了解他們的慈悲胸懷和服務的熱忱，以激發其盡己之力服務社會的態度。

㈥方法研究

　　資優生固然可以學得多、學得快，但不應是事實資料的堆積，而是研究方法的訓練。資優教育可以從國小中高年級開始逐年安排學習研究的技能和方法的課程，由研討他人研究方案中的研究方法，使了解研究方法之運用情形，進而將所習得之研究技能和方法應用於實際情境中，逐漸培養資優生成為一個研究者。

㈦高層思考

　　資優教育模式的綜合，應能培養學生的高層思考能力。普通課程大多為知識資料的整編，不符合資優教育的需求。資優課程設計應強調高層思考能力的培養，使學生具有分析、綜合、評價的能力；目前許多資優課程，強調批判性思考能力和創造思考能力，以及問題解決能力的培養。資優生在學習特性上需要高層思考性的課程，在動機特性上尤然。許多資優生厭煩例行、反覆的學習，喜歡較具刺激性、高智性和高思考性的學習活動。所以資優課程應重視高層思考能力的培養。對於普通課程中的知識性資料，也可以透過轉化的過程而形成高層思考性的教材，便於資優生學習。

㈧開放性

　　資優教育模式的綜合應使課程、教學和學習環境具有開放性。

　　一般課程安排較重視標準答案或正確答案，教學時也較強調聚斂性思考能力的培養。這種課程設計的方式較無法完全滿足資優生的學習需要。創造性思考和擴散性思考可以訓練學生多向的思考能力，避免固著的思考習慣。擴散性思考能力和聚斂性思考能力兼顧，才是較適合於資優生的課程。設計開放性的課程時，教師必須要有開放性的態度，能夠接受資優生的不同答案或意見，所提問題也應該是開放性的問題，允許學生從不同的角度來作答，才能激發學生勤於思考、願意思考，也比較能獲得更多的答案。

　　開放性的課程設計涉及學術性和非學術性兩種層面。這裡所提的「開放性」原則較偏重學術層面，意指容許並鼓勵資優生提出不同的想法或答案。開放性的學習環境較重非學術性的層面，包括開放性的心理空間和開放性的物理空間。開放性的物理空間乃是指學習環境的充分利用，不侷限其特定的使用價值，資優生可因其學習活動的需要，改變物理環境的布置安排和用途區分。至於開放性的心理空間乃是指資優生的學習經驗不侷限於特定的活動或項目，隨時提供其選擇、改變或調整的自主性。不過，仍應合乎某種規範，以能發揮資優生最大潛能為原則。

㈨發現性

　　一般課程設計為便利實施及節省時間起見，都採取教導法，由教師直接教學，此種方式對資優生而言，不盡妥適。教學模式的綜合如能安排適當教學情境，讓資優生自行去研究發現，則可在發現學習過程中習得研究方法。發現的過程可採演繹法，也可採歸納法。歸納法是從許多個別事物或獨立事件中發現其共同屬性或特殊

組型，進而歸納出某概念或原理原則，以為推斷新事物之依據。例如資優生可以從觀察各種「狗」之後歸納出「狗」的概念，下次看到「狗」便可以說出「狗」的名稱和特性。演繹法則先教資優生原理原則，然後運用這些原理原則去發現解決的方法。例如：讓學生了解凡是一個數目的最後一位是 0 或 5，都可以被 5 整除，學生就可以運用此規則去發現解決有關問題的策略。學生年紀尚小，較適合採取「引導式的發現法」，也就是讓學生形成假設，再進行試探、推測或驗證。蘇門（Suchman, 1965）稱之為探究法。

(十)推理性

資優學生的教學不只要教導學生獲得適當的答案，更要資優生在提出答案的時候，也能說明其邏輯推理的過程和證據；這是資優教育的重要部分。蓋資優生可從他人的推理過程中學到推理的方法，分析理論的證據，進而養成凡事要求證據，推理要憑證據，以及做事要講證據的精神和態度。因此，模式的綜合應顧及推理能力的培養，尤其能夠提出推理的證據，說明何以如此推理的理由，使人信服。

(土)自由性

教育為節省時間、講求效率，一般教學往往由教師決定課程的內容和實施的過程，學生只要根據教師所設計的去進行學習，就可以得到教學所要達成的目標。這種方法對資優生而言，固然可以適用，但是未能發揮其最大的學習潛能。由於資優生往往具有豐富的功能，善於類比推理，所以應允許他們在課程安排和教學過程有若干程度的選擇自由，例如在決定研究主題、學習方法、參與活動、計畫選擇、評量方式等。所以模式的綜合應考慮給予學生相當選擇的自由，才能使學生各展所長。所謂選擇的自由並非無限度的自

由，教師應視情況、條件，酌定自由的種類和程度，以不限制資優
兒童的發展，發揮其最大潛能為目標。

㈤重視團體歷程

　　資優教育模式之綜合重視團體歷程的主要因素有：(1)資優教育
目標包括個人潛能發展說和社會效用說二大項。就社會效用說來
看，資優生必須首先能夠成為團體中的一位合作成員，然後才能有
效參與社會事務，所以必須接受團體歷程的訓練；(2)資優生往往重
視獨立研究，而忽視團體的互動，因此，適宜安排小組研討活動，
以增進其團體互動的能力；(3)資優生都是未來社會的中堅、團體中
的幹部，和各行各業的領導人，若不懂得團體歷程的要領，不懂得
團體互動的技巧，則常常無法領導他人、凝聚共識，以致無法成為
一位成功的領導者；(4)資優生常有人格發展上或心理適應上的問
題，若能透過團體歷程，自我分析和批判，可建立與他人的互信、
互尊，發展健全的人格。

㈥注意學習速度

　　模式的綜合應注意有無顧及資優生的學習速度，一般而言，資
優生智能優異，其學習速度較普通兒童快，其興趣也較一般兒童廣
泛，因此，設計資優課程和進行教學時，宜依據其學習特性和能
力，調整學習速度。不過，仍應顧及個別資優生的個別差異，並非
每位資優生都可以學得一樣快，仍然有「慢工出細活」的資優生。

㈦注意不同專長

　　資優生專長各有不同，同一資優生的各種能力也有差異，綜合
模式固然以培養綜合能力為主，但仍應注意其不同專長能力，活動
安排若能以其專長能力為基礎考量，將更可收事半功倍之效。

㈤相關性

　　資優生的研究課題，可以是假設性、理論性，也可以是相關性的，對中小學資優生言，假設性的問題固然可以培養其創造思考能力，但是，模式的綜合仍以相關的實際問題較能引起資優生的學習興趣，也較能獲得研究資料和資源協助。

　　實際問題的研究不宜過於廣泛，應有研究重點。研究課題的提出宜經過分析和確定的過程，較能獲得適當的問題。

㈥專業性

　　資優生在學習過程中的研究雖不能以專家的水準評論之，但是為使其研究不同於一般學生的作業或報告，仍以專家取向為宜。易言之，研究成果應呈現給該主題有關的專家學者，請其指正。發表會時，除教師、同學外，應邀請專家學者或有研究的教師、家長參與討論，才能使其研究成果更加充實，其他同學也可以分享其豐碩的研究成果，和適當的研究方法。因其為專家方式的研究成果而非學生型的成果。

　　此外，可將研究成果提供給有關機關、團體做參考。例如：有關環保的研究成果可提供給環保單位或環保團體做參考，或請其回饋，使其感受到研究結果對社會的貢獻，激發關心生活環境和社會的態度。

　　資優生在研究成果展示中，更可以訓練表達能力、展示的方法和溝通的技巧。資優兒童是未來文明的創造者、生活的改造者，也是社會國家的棟樑，必須有良好的溝通技能，善於表達、具說服力，才能領導他人、戮力同心，共促社會進步，所以這一步驟非常重要。

㈦**重評估**

　　對於綜合模式以及模式各相關要素的了解，應採取評鑑的方式來進行較為妥當。

　　對於課程實施成果的檢討和學生學習成就的了解，以往多採考核、考試或測驗的方式。此種方式固然可以了解學生的成就，但不能做為改進教學的依據。若欲對資優教育有幫助，似以採取評鑑方式為宜。其目的在了解方案之優缺點及可行性，對學生學習成就的評鑑也在了解學習困難之所在，以利設法排除困難，增進學習效果。其方式包括：(1)自我評鑑；(2)由實際從業的專家來評鑑，以改進資優方案和教學方式為目的。

㈧**學生本位**

　　模式的綜合應以學生為本位加以考量，也就是課程設計和教學活動，應以學生的興趣、能力和意願為設計的焦點。教師必須發掘學生的興趣、了解其已有之知能，以為安排課程和教學活動之依據。此和過去偏重以教師的想法為課程設計之焦點不同。此外，以教師為中心的教學，教師佔去大部分的上課時間，學生為得高分，不得不回答教師所期望的答案，教師是學習活動安排的權威人物，難有互動的學習情境。這種方式對資優生的學習不利。以學生為中心組織學習經驗，安排學習活動時，教師鼓勵學生在上課中發言，由學生主動安排教學活動，甚至主持班會或小組討論。讓學生消除心目中教師權威的偶像，增進互動的機會，使資優生真正成為學習的主人。當然學生本位的模式並不是放棄教師的職責，而是增加教師指導的責任。

㈨**鼓勵獨立學習**

　　許多資優教師雖然了解資優生的特質，但為求速效，常常採直

接教學，使學生變成學習的依賴者，必須在教師的指導監督之後才
能進行學習活動，這種方式無法培養資優生成為一位主動學習者。
因此，必須鼓勵學生獨立學習，亦即課程安排和教學活動必須讓學
生有獨立學習的機會，以發展其獨立學習的技能與獨立學習的精神
和態度。獨立學習的技能包括電腦技術、運用圖書館的能力、照相
技術和研究能力等。至於學習經驗的組織、學習活動的安排也可以
讓資優生有參與的機會。在教室管理、社區服務，以及活動的規畫
等也可給資優生相當的自主空間，惟教師仍應給予適當的輔導，使
能養成獨立學習的能力和態度。

(十)接納的教室氣氛

在教學過程中，教師對資優生的不同意見，應以接納的態度反
應之，使學生感覺受到尊重，以後才會繼續運用思考，提出更多的
想法，千萬不可凡事只做批評，甚至在未聽完學生的意見時就有先
入為主的意見。教師應該嘗試去了解學生，以接納的態度來處理學
生的意見，在適當時機給予評量，提出建設性的意見，共同商討對
策或答案。這種重評量、輕批判的民主風度，乃是資優教師所必須
具備的。

當然，接納的態度和完全接納答案或想法並非相同。接納的態
度只是肯定其意見的重要性，有價值、切題、合適、中肯，或是真
誠，並非同意或不同意其意見。讓資優生願意繼續發表意見，探究
疑問、引申想法，或澄清疑點，以達到自我學習、自我評析的效
果。

(十一)高移動性

一般學校為顧慮學生的安全及教育的秩序，往往盡量減少學生
在課堂上或校內外的移動。但是，資優生在學習上常常需要和他人

討論，或到處收集資料，因此，必須有較高的移動性。例如：到圖書館、科學館去查詢資料，找老師請教問題，和同學研討某些主題等，不應限制其學習空間，應使其做必要的移動。所以，綜合模式的設計應使資優生有較高移動的可能性。

貳、充實的涵義

資優生的安置，就安置場所言有集中式和融合式，就內容安排言有加速制和充實制。二者可列聯交集如表 2-5。易言之，可採集中加速的方式，也可採集中充實的方式；或可採融合加速的方式，甚至於融合充實方式。其實這四種安置組合的方式尚不能完全涵蓋所有資優教育的安置方式。因為集中式和融合式之間尚有許多安置的型態，而加速制和充實制也可同時進行。（參見表 2-5）

表 2-5　資優生不同安置架構圖

安置類別		加速制	充實制		
			內容	過程	結果
集中式 融合式	特殊學校 特殊班 資源班 週末營 夏令營 典範良師 普通班	提早入學 提早畢業 縮短年限 跳級 單科加速	加深 加廣 內展 外加 如微縮課程	方法 方式 程序	不同成果 展現方式

如前所述，愈來愈多的資優教育方案由集中趨向融合，由加速而朝向充實。限於篇幅，本書只介紹充實方案。

「充實」一詞，係譯自英文的「enrichment」，原含有「補充」

（supplementary）和「增華」的意思；前者係對智能不足者或文化
不利者給予補充教育活動，使能和正常兒童有相當的生活和學習經
驗，後者則指對於資優者發展其特長，故常認為是錦上添花。其
實，今日對特殊兒童的看法已非單純從身心特質來界定，而是以其
需要性來考量，易言之，不僅身心障礙者在教育需求上有所不足必
須加以充實，資賦優異者也有教育上的需求不足之處，甚至於普通
兒童亦然。所以「充實」不是「雪中送炭」和「錦上添花」，而是
教育需求的滿足。透過充實教育活動，資優生更能發展其最大潛
能，這不是一種恩惠，而是一種需要。

充實制的資優教育活動可從內容、過程和結果等方面著手，許
多專家學者也發展出各種不同的教育方案（如圖 2-3；見下頁），
茲分述如下：

一、過程導向的充實方案（Process-oriented programs）

這種方案的主要目的在發展資優生的優越心理能力，例如基爾
福特（Guilford）曾以因素分析法分析人類的思考過程，發現人類的
一百廿種心理認知能力。因此，教育家及心理學家認為這些認知過
程的能力可透過特殊教學予以發展。有些學者則以資訊處理（infor-
mation-processing）的理論來解釋人類的認知過程，其方法包括補救
缺陷或助長長處，以發展大腦功能。過程導向的充實方案旨在發展
資優生的問題解決能力、創造力，及資訊處理能力等。

二、內容導向的充實方案（Content-oriented programs）

過程導向的充實方案強調思考技能的培養，而內容導向的充實
方案則強調學習內容的呈現。透過教材本身的學習活動，同時發展

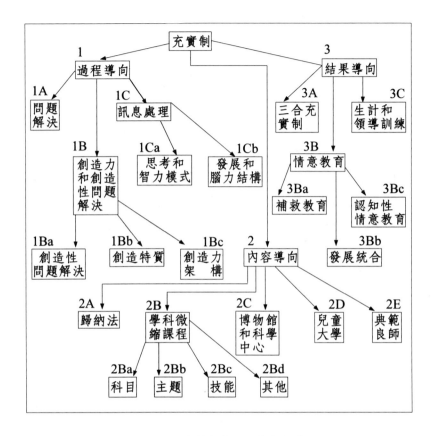

圖 2-3　資優教育各類充實模式

思考技能。其方式包括採用歸納法、專題性、專門領域及專門技能之微縮課程，博物館及科學中心所提供之研習計畫，大學為資優兒童所提供之特殊課程，及由資優兒童選擇適當專家或名人為其典範良師（mentorships）等。

三、結果導向的充實方案（Product-oriented programs）

此種方案係強調教學結果而非內容與過程。教學結果包括有形

和無形的。有形的如文章、圖書、報告等，無形的如心理健康等。
方案之評價係以學習結果之成品而定，主要包括下列三種充實模
式：⑴阮汝禮的三合充實模式；⑵情意教育模式；⑶生計教育和領
導訓練模式。三合充實制屬綜合性，允許兒童以興趣為出發點，經
歷三種或三段充實活動，而以實際問題的研究成果為歸旨；情意教
育模式則以培養資優兒童身心健康、獨立自主的學習態度為導向，
包括補救性、發展性及統整性三種情意教育方案；生計教育模式則
以領導訓練和生計教育為主要內容，使發展健全生計活動，而為各
行各業之成功領導者。

第三節　綜合充實模式簡介

壹、基本架構

　　資優教育旨在發展資優兒童普通能力、特殊能力、創造力、社會能力和情緒能力方面的潛能，其目的在培養其成為未來對社會有長期性的貢獻。為達此目標，資優教育的首要任務就是要教導其成為一位主動學習者，惟有資優生能夠主動學習，他才能自動自發、鍥而不舍、終身奮發、終底於成。

　　然而一位主動學習者必須具有主動學習的意願和主動學習的能力，此二者非一日可成，有賴長期培養。所謂主動學習的能力至少應包括必備的知識、概念和學習技能與處事方法，此為主動學習之基礎。至於人際技能與情緒管理等雖非主動學習之必要條件，但是對其有相當的幫助，至於主動學習意願的培養，至少應包括對資優的正確認識、興趣發掘與培養、工作專注的態度與自我理念的認知等，使知為何而學、如何學，而至於願意學，養成主動學習的習慣和態度。

　　一位資優生具有主動學習的能力和主動學習的意願之後，他便成為一位主動學習者，在以後的學習過程中不需教師、家長或其他外力的逼迫而有足夠的內在驅力可以促其繼續不斷自我追尋而達到自我實現的境界；同時，在學習過程中應給予實際情境和實際問題的考驗，從而激發實際解決問題的能力。

貳、模式目標

　　如前所述，本模式係以「預期對社會有長期性之貢獻者」為資賦優異者的定義，則本模式的目標可說是在培養資賦優異兒童在未來對社會將有長期性的貢獻。然而何謂長期性的貢獻，茲分析說明如下：

一、長期性與短暫性貢獻

　　人生在世，只要他能做事，就能對己、對人、對社會、對國家會有所貢獻。然而有些貢獻較大、有些較小；有些具有長期的影響，有些則是一時的，例如「種樹」可以對他人有所貢獻，但是這種貢獻卻是一時，雖然這棵樹如果長得夠久夠大的確對許多人有好處，但卻是一時的、短暫的。可是，如果你能研究出改良種樹的方法，使他人能把樹種得更好，長得更快、更茂盛、更長久、更有用，其貢獻卻是長期的，所以「長期性的貢獻」乃是指在該領域改變了其歷史，長期地影響後人。又如會跳高的選手，在跳高的項目上對所代表的團隊會有貢獻，但這是短暫的，如某人將跳高的方法加以改進，使他人可以跳得更高，此人便改變了跳高的歷史，可說有長期性的貢獻。又如研究芭蕾舞的人在芭蕾舞比賽得冠軍，對舞蹈界具有更長期性的貢獻，各行各業不乏這種人才，人類文明的發展就是奠基在這些長期性貢獻者的努力上。

二、個人發展與社會效能

　　所謂長期性貢獻究竟重在個人發展抑或社會效能？主張重個人

發展者認為只要在個人才能上有長期性貢獻就符合本模式的目標。而主張重社會效能者認為長期性貢獻應是針對社會而言，只有對社會有長期性貢獻才能符合本模式之目標。其實，二者並不相衝突。個人發展應是社會效能的基礎；社會效能應是個人發展的指向。個人發展若不以社會效能為指標，則發展與貢獻都是有限的，而社會效能若不建立在個人發展的基礎上，則將無法達成社會效能的目標。以個人發展為體，社會效能為用，二者相輔相成，才能達成長期性貢獻的目標。

三、總合目標和分項目標

　　長期性貢獻乃是對模式所揭資優兒童教育總目標。為達成此總目標必須分項訂定，才能據以設計課程。茲就認知、技能、情意三方面分項訂定教育目標如下：

(一)認知方面

1. 發揮特殊優異的潛能。

2. 精熟基本知能。

3. 培養高層思考能力。

4. 養成獨特的產出能力。

5. 訓練獨立研究能力。

6. 發展主動學習能力。

7. 培養情緒管理能力。

(二)技能方面

1. 基本學習技能。

2. 高層思考技能。

3. 獨立研究技能。

4.主動學習技能。

5.情緒處理技能。

6.人際關係技能。

㈢情意方面

1.積極的自我觀念。

2.獨立研究的精神。

3.主動學習的態度和成就動機。

4.強烈的工作意願和服務的人生觀。

5.良好的人際關係。

6.學習自我成長和健全的人格成長。

參、適用對象

　　人類文化是創造的文化，所以人類歷史乃是一部充滿創造文化的發展史。在此創造文化的歷史中，多數人享受了創造文化的果實，然而這些果實都是少數「資賦優異者」的貢獻。例如，由於語文資賦優異者的貢獻，不同的語文符號相繼研發，眾多的文字作品相繼創作，詩詞歌賦等不同文體的出現，改變了文學的歷史，豐富了文學的內涵；由於科學資優者的貢獻，發明了更多的科學事物，創發了更多的科學研究方法，改變了科學領域的歷史，對人類生活做出更多的貢獻。例如音樂資賦優異者在音樂上的創見與貢獻，改變了音樂領域的歷史，豐富了音樂的生命（例如各類型音樂的研發，使我們可以享受各種不同的音樂）。其他藝術資優者的創新對於藝術界的貢獻，體育資優者在運動方法上的改進促使人類更接近體能的極限，凡此種種，都是資賦優異者對於人類文化的長期性貢

獻。資優教育的目的，就是在尋找這些資賦優異者，期望透過所安排的資優教育計畫，使他們在未來能對社會有上述的這些長期性的貢獻。所以我們對於資賦優異兒童的定義乃界定在「預期對社會將有長期性的貢獻者」。

　　一位資賦優異者要想在其資優的領域有所創發而對該領域會有長期性的貢獻，必須要有下列優異的能力：(1)普通能力；(2)特殊能力；(3)創造力；(4)社會能力，和(5)情緒能力。所謂普通能力是指認知、記憶、理解、組織、分析、綜合、評價比較、歸納、演繹、推理、判斷、重組和批判等能力，此為快速學習和優異產出（非原創

表 2-6　各類資優理念與方案所重視之優異能力

能力 方案	普通能力	特殊能力	創造力	社會能力	情緒能力
陶蒙（IQ）	∨				
斯比爾曼（G 和 S）	∨	∨			
塞斯通（數字、語文理解、空間關係、語文流暢、推理、聯想記憶）	∨	∨			
陶倫斯（創造力）			∨		
泰勒（多元才能──創造、作決定、計畫、預測、溝通、產出性思考）	∨		∨	∨	
基爾福特（SDI）	∨	∨	∨	∨	
阮汝禮（高智、高創、專注力）	∨		∨		∨
柯拉克（認知、思考、感情、直覺）	∨				∨
嘉德納（語言、音樂、邏輯數學、空間關係、軀體動覺和自知知人）	∨	∨		∨	∨
斯坦堡（三鼎智慧）	∨			∨	
資優教育綜合充實方案	∨	∨	∨	∨	∨

性）所必需。有優異的普通能力者可以學得快、學得好，且有優異的再憶能力和產出能力。

特殊能力是指音樂、藝術、體育、舞蹈等能力，在教學上吾人尚可包括各學科如數學、理科、語文和機械能力等。特殊能力和普通能力可以同時存在於同一資優者，也可能個別存在。二者都比較屬於先天稟賦，但有賴後天發展。

創造力代表一種原創力，可能有相當的先天稟賦成份，不過後天培育的可能性較普通能力和特殊能力為高。普通能力和特殊能力優異者加上優異的創造力將有更豐富的原創產出力。

社會能力代表對己、對人的人際能力，包括人際技巧和人際關係，對領導能力優異者尤其重要，對一般資優者而言，在當今強調合作研究和創新發展的時代，社會能力也頗重要。

本模式係以「預期對社會將有長期性的貢獻」來界定「資賦優異」，則適用對象當然是「預期對社會有長期性貢獻者」。此「資賦優異者」應具有下列五種優異能力：(1)普通能力（IQ）；(2)特殊能力（TQ）；(3)創造力（CQ）；(4)社會能力（SQ）；(5)情緒能力（EQ）。此五者也就是俗稱的 5Q 教育。其中各能力間並非完全獨立，仍具有相當程度關聯性。資優兒童擁有這五種能力並非全有全無的問題，而是多少的問題，沒有一位資優生同時擁有五種一樣優異的能力，也沒有一位資優生只擁有一種優異能力，其他則完全沒有或近乎零。通常是擁有優異不等的能力，即使五種都很優異，也有程度上的差異。

一般而言，這五種能力中普通能力和特殊能力係屬先天稟賦，但有賴後天的發展。創造力雖有若干先天稟賦，但後天教育的可能性較高，至於社會能力和情緒能力則大致上以後天教育的成份較

大。此種假設給綜合充實模式有較大的揮灑空間。

　　甲資優生若只有優異的普通能力，其他平平或低劣，則可能表現平庸，其優異的普通能力也就無法表現在學習上與工作上，雖然一學就會，但不用功，難成大器。

　　乙資優生若擁有優異的普通能力和特殊能力，雖然二者之間可以相互增長，但因缺乏其他能力，其結果和第一位相近。

　　丙資優生若擁有優異的普通能力、特殊能力和創造力，而缺社會能力和情緒能力，則雖偶有驚人之舉，但難持之以恆，無法達到「對社會有長期性貢獻」的目標。

　　丁資優生若擁有優異的普通能力或特殊能力而沒有創造力，但若有優異的社會能力和情緒能力，則將會有很高的成就，對社會也可能會有大貢獻，但不一定會有長期性的貢獻，因為缺乏創造力以致不易改變該行業或事業的歷史。

　　戊資優生若只有優異的創造潛能而無其他，則其創造潛能難有表現。

　　己資優生若只有優異社會能力和情緒能力而無其他，則難有成就與貢獻。

　　庚資優生若擁有優異的普通能力或特殊能力，又有優異的創造力，且顯現優異的社會能力和情緒能力，將是一位對社會有長期性貢獻者。因優異的普通能力或特殊能力加上工作專注，必有成就，若又擁有優異創造力，則將有改變某領域的歷史而對該領域有長期性貢獻。

　　本模式乃以擁有普通能力或特殊能力者為主要創造對象，然後除發展其普通能力或特殊能力外，著重創造力和社會能力以及情緒能力的訓練，以期這些資優者在未來能有長期性的貢獻。至於創造

力優異者若有中上的普通能力和特殊能力，也可列入觀察對象，以培養其社會能力和情緒能力。

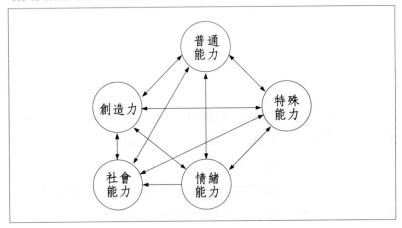

圖2-4　資優兒童五種能力關聯圖

　　上述五種能力中以普通能力最為基本，以普通能力和特殊能力為例，二者雖不一定有共同元素，但是，優異的普通能力的確有助於特殊才能的學習。例如有二位音樂才能相等的學生，普通能力優者在學習音樂時必較為有利。當然，特殊能力優異者在進行某些學科的學習時可能有助於普通能力的發揮。又如普通能力和創造力之間的關係亦然。普通能力和創造力雖不一定有共同元素，但普通能力有助於創造力的啟動與運用，創造力對普通能力也有助長的效果。至於普通能力和情緒能力之間的關係也是正向的，普通能力優異者在學習情緒管理時較為有利，而情緒能力優異者也較能展現普通能力。同樣的，普通能力優異者較易發展社會能力，社會能力優異者也有助於普通能力的發揮。此係就普通能力和其他能力之關係而言，若就創造力來說也有同樣的情形，例如創造力有助於特殊能

力的提升，特殊能力使創造力更可落實；創造力有助於情緒管理方法的改進和社會技巧的學習，反之，情緒對創造力的啟動有莫大的影響，社會能力也有助於創造力的發展。至於社會能力和情緒能力二者之間更是相輔相成。有良好的情緒管理才有好的社會關係，有好的社會關係才有健康的情緒。

　　為了方便說明起見，可以將上述的五種能力簡化為三種能力。即將普通能力和特殊能力合為聚斂性的認知能力（IQ），創造力仍保留為擴散性、原創性的認知能力（CQ），而將社會能力和情緒能力合併為非認知性的社會情緒能力（SQ 或 EQ）。三者以立方體的長、寬、高表示其間的關係。也就是以長代表 IQ，高代表 CQ，寬代表 SQ，如圖 2-5 所示。

　　如果以立方體的體積代表資優生的潛能，此潛能的大小將是由長、寬、高所決定。要發展最大潛能時必需長、寬、高三者都能充分延展。當三者都能以最大量延展時，潛能便能獲得最大發展。當然每個資優生的普通能力、特殊能力、創造力、社會和情緒能力並不完全相同，各資優生之間的各種能力也不一樣，也就是存在著個體內和個體間差異的問題，所以每一資優生的最大潛能之立方體的長、寬、高也不會完全相同，呈現長方體的可能性大於呈現立方體。雖然立方體的長、寬、高三要件大小可以不同，但不可或缺，缺一則無法成為立方體，易言之，資優教育不可只強調單一面向，否則無法發揮其最大潛能。

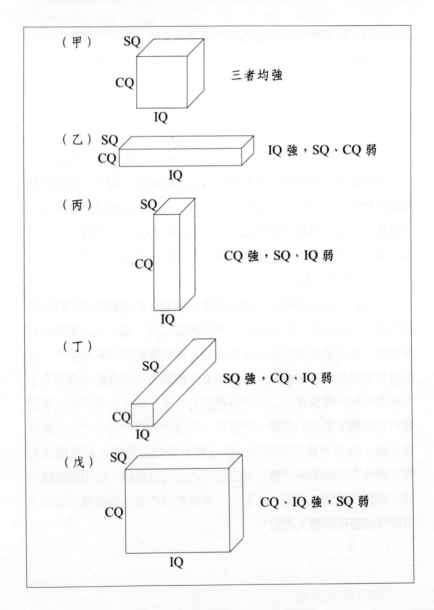

圖 2-5　智能各向度之互動關係

　　一般而言，一位對社會有長期性貢獻的資優者可能具有普通能力、特殊能力、創造力、社會能力和情緒能力等五種能力。要想找到具有這五種能力的資優兒童實屬不易，因此，我們可以就這五種能力中屬先天稟賦者列為甄選之主要條件，如普通能力和特殊能力雖有賴後天發展，但非後天所能給予。若無先天稟賦，後天也無從發展。屬後天稟賦者如社會能力和情緒能力可劃為甄選的次要條件，更重要的是可以做為資優教育方案主要課程內容。至於創造力則可能介於二者之間，較前者有較多後天培養的可能，但較後天有較大先天稟賦的成份。尤其目前的甄選工具中，普通能力和特殊能力較具信度和效度，創造力雖然已有多種評量工具，但信度和效度仍未如普通能力和特殊能力之評量工具。至於社會能力和情緒能力則尚在發展之中，無法建立甄選標準。因此，較實際的作法是以智力測驗和特殊測驗為主要依據，然後參考創造力量表，及家長教師在社會能力和情緒能力方面的觀察，如此，可以和當前的甄選方式相結合。至於無法實施標準化測驗的地區，學業成績和教師的觀察都可以是很好的參據。

　　一位資優生成為主動學習者之後，未來成功可期，對社會也將會有長期性的貢獻，但是若期望有更大的成就與貢獻，在課程設計上應培養更多的社會能力和情緒能力。

　　資優生常常是社會未來的領導人，故必須發展領導和被領導的能力與態度。因此，社會技能的培養、人際技巧的養成都很重要。

　　在合作研究愈來愈受重視的今天，個人智慧的時代幾乎已成為過去，集體智慧乃是當前政策形成和問題解決的主流，所以合作能力與態度的培養至為重要。

　　我們尤其希望資優生是一位身心健康的傑出成就和貢獻者，所

以情緒的覺知、省察、調整、監控、管理、運用等能力甚屬必要，所以應該提供必要的情緒教育課程。

根據以上的看法，我們形成了綜合充實模式的概念架構。（如圖 2-6）

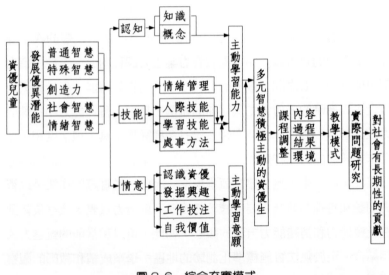

圖 2-6　綜合充實模式

肆、綜合充實模式的特色

綜合充實模式乃是一套具有高度適應力的資優教育模式，茲說明如下：

一、適合各類資優對象的學習需要

本模式係以發展資優生的普通能力、創造力和社會—情緒能力為主，課程設計上融合成認知能力和情意教育二大領域，適合各類

資優兒童發展上的需要，任何資優兒童都必須發展一般能力、創造力和社會—情緒能力，才能成為對社會有長期性貢獻的生產者。

二、學校規模不論大小都可採取綜合充實模式

綜合充實模式係採獨立研究、小組研討的型態，每小組有六至十人，且可採混齡的方式實施，所以適合於各種規模的學校。

三、在不增加教師員額的情況下也可實施資優教育

政府為實驗資優教育，都會在學校增設資優班或資源班，每班置教師國中三人國小二名，以專責實施資優教育，音樂、美術和舞蹈等特殊才能的資優班，更必須外聘教師才能依學生的特殊才能施教。在政府財政困難，教育經費不足的情況下，要全面實施資優教育，必須增加眾多的資優教師，恐非財政所能負擔，本模式採取以全體教師為師，以全體家長為資源人物，並以社會人士為典範良師，所以雖然不增加員額也可照常實施。本模式係由學校教師志願奉獻每週一、二小時的時間來指導資優生，有特殊專長的家長或社會人士可做為資優生的典範良師，其效果相當好。

四、資源教學的時間不必太多

一般學校實施正式的資優教育方案，因有專任教師，所以必須考慮教師教學時數的問題，連帶的也就必須考慮學生的上課時數，其結果造成資源班和普通教師對資優生的認同和教學安排的問題。本模式係採個別研究、小組討論的方式；個別研究可在課外實施，小組討論每週只需二至四節即可，所以學生參與小組討論的時間很容易調整，比較不會干擾普通班的教學，如果普通班教師也願意奉

獻一、二小時擔任資優教學，則更沒有問題。除指導教師外，可依主題的性質選擇不同專長的教師和家長，因此人人可以為師。

五、個性和群性的培養並重

本模式採個別研究和小組討論的方式進行。由於資優生各有不同專長和興趣，而且較有自信，不願受干擾，且有反省能力，所以可以允許並鼓勵其個別研討，當然有時二、三人在一起做專題研究也未嘗不可。但是，資優生都是未來國家的領導人，必須發揮其群性，使其有團體參與的興趣與能力，所以小組（十人左右）討論可以訓練資優生如何掌握小團體的活動，學習團體歷程的技巧，對專業發展將大有助益。

六、重視全人教育

現行資優教育方案，或重學科教學，或重特殊才能，都有所偏，本模式除普通能力和特殊能力外兼重創造力和情意領域。在普通能力和特殊能力的教學上將重基本學習技能的觀點而非一般的內容知識。使學生能夠認知和情意並重，基本能力和創造力兼顧，以實施全人的資優教育。

七、注意普通課程和資優教學的聯貫

本模式在認知能力的培養方面特重基本學習技能的訓練，其教材希望盡可能取之於普通班教學時的教材；易言之，在普通班教學時的教材，不論是語文、數學、自然或社會等都可視內容的適當性來教導資優生基本學習技能，如此可以使普通班和資源班的教學相聯貫，而且資源班的教學可以增強普通班的學習。不僅教材內容因

而強化，更可使資優生知道如何運用學習技能。

八、全班學生都可因資優教育而獲益

資優生在資源教學接受資源教學的時間每週僅二～四小時，絕大部分的時間都在普通班中，因此本模式特別重視普通班教學在普通班中教導資優生的能力和方法，當普通班教學進行教學時，可對資優生提出較高層次的問題、活動或作業，其他同學也可以思考，雖然不會作答，但當資優生完成特別作業或活動而在班上報告時，其他同學也可以獲得相當的好處。

九、重視情意教學和能力訓練的融合

本模式雖大略分成情意教學和能力訓練兩大時段，但是二者都盡可能加以融合。例如在情意教學中有關名人記者會的活動，可以同時注意基本學習技能的培養，使整個教學成為有機的整合。易言之，能力有如人之軀體，情意有如人之靈魂，有軀體而無靈魂則軀體無法正常活動，最多也不過是行屍走肉而已；反之有靈魂而無軀體則靈魂無以展現，軀體和靈魂必相互配合，才能展現完整的人體功能，同樣的，能力訓練和情意教育必須相輔相成，資優教育才能竟其功。

十、培養主動學習的能力和態度以達終身學習的目標

資優生必須是位終身學習者，才能繼續成長發展，也才能有源源不絕的貢獻，因此，必須培養其成為一位主動學習者，惟有能主動學習，才不需永遠依賴師長的教導而能進行獨立學習。

十一、強調權利和責任的相對性

　　教導資優生了解資賦優異是一種權利，也是一種責任，他因資優而可以比他人學得多學得好，可以享用較多較好的學習資源，但也應該為他人、為社會貢獻更大的力量，負更大的責任，成為對社會有長期性貢獻者。

十二、注重個別能力的綜合、多元才能的統整、過程與成果的聯貫，使資優教學成為一項有意義的學習活動。

第三章

發展主動學習的能力

第一節　發展主動學習能力的條件

壹、資優生需要有資優的基因

　　雖然有資優基因並不保證一定成為資優生，但是資優生的先決條件是一定要有資優的基因。許多父母聽到資優的基因可能會因為自己未能擁有資優的基因而感到遺憾。其實如果你相信人人各有不同的才華，各種不同的才華都是值得重視而加以發展，那麼，「資優基因」就不只是少數人所有而已，三百六十行，行行出狀元，行行都有可以造就的資優基因，如此，資優基因就不是少數人的專利：張三文才出眾，李四精於算術，王五擅長創發，陳六優於武術，各有所長，各有所專，各擁有不同的資優基因，我們的資優後代將比比皆是。

貳、資優環境更甚於資優基因

　　兒童擁有資優基因是不夠的，還必須要有資優環境的配合，才能使潛能完全開展。所以過去認為智力在出生前就已決定，當前卻認為智力可被環境影響和塑成（Gallagher, 1985）。因此，我們更肯定了教育的力量，如何安排一個適合資優兒發展的環境乃是父母及教育工作者所應努力的方向。

參、提供發展的環境才能培養主動學習的能力和意願

　　雖然我們尚無法確定胎教對資優兒的影響有多大，不過，資優媽媽在懷孕時的營養、健康和情緒反應確實會影響寶寶的發展。資優媽媽和其他媽媽一樣，資優寶寶的基因需要均衡的營養，與健康的生活環境、愉快的身心反應。資優媽媽常常會因個人的習性或害喜的影響而對食物有所偏好，也會因個人的生活習慣或獨特信念而形成一些健康問題，更可能因家居或生活習慣的不良而影響其發展。

　　一位健康的資優兒一出生便有吸吮的本能，這是主動吸取外部營養的第一個技能。接著由於感官的發展，她（他）會開始主動地印入外在的影像。由於器官的成熟，她（他）會主動地由爬行而行走，由出聲而說話。這些動作技能和語言技能的發展，乃是一切主動學習的基礎，也是多元智能開發之所繫。隨著經驗的擴充，思維活動往往需要較高的認知技能，父母及教師必須有計畫地提供必要的協助，才能使其主動地學習這些認知技能，也才能發展多元的智慧。

　　同學間相互激盪智慧火花的機會也可說是發展智能的環境。親子、朋友、師生等人際互動，都有助於智能的發展。為了資優兒童的智能發展，父母應設法佈置智性的家庭環境，老師應安排智性的教室環境，社會人士應提供智性的社會環境。

　　在沒有正式推動資優教育之前，資優兒童都和普通兒童混合就讀於普通班級之中，雖然大多數資優生並未有傑出的表現，卻偶有資優生突然被其他師生所發現而加以關注培植。所以普通班並不一

定就是不良的資優環境，端視班級環境內的各要素而言，例如教師、同學、家長、氣氛、智性、關係等，都可能為普通班注入資優環境的特質。尤其導師更是重要，善於輔導者，每一位學生都可以是資優生，雖不能有很優異的成就，卻可能有其精神與態度。

　　總之，智能發展的環境不是單一的，而是多因素。從懷孕開始一直到成人，從家庭到學校到社會，從生理的健康到心理的健全到智能的開發，從智性到情意的環境，每一階段每一因素都可能牽動其潛能發展，雖然許多人能夠百折不撓，終底於成，如加以深究，其間必有可能激動其潛能發展的因素。故環境中的任何一項環境因素，在從事教育時都應加以注意。

第二節　發展認知技能

壹、資優生要有中等以上的普通能力

　　阮汝禮（Renzulli）對於資優生的看法是要有中等以上的能力，也就是其普通能力要在中等以上。所謂普通能力是指以普通智力測驗所測得之能力。其實這種能力應該包括基本普通能力和學業性向二種能力，也就是斯比爾門（Spearman）的 G 因素和 S 因素。普通能力可說是一切學習的基礎，沒有適當的普通能力，再好的其他能力也難有傑出的表現。

　　資優生之所以學得快、學得好，就是因為他（她）有優異的普通能力，所以他（她）能記得快、記得牢、善於組織分類，以利分析綜合，能歸納又能演繹以解決問題，能評鑑也能應用。這些都是重要認知技能，在一生中隨時都要學習，隨時都要加以運用。應用得愈純熟，愈可能提振認知技能的層次。

貳、發展認知技能的原則

一、內容知識與過程技能宜並重

　　認知能力是主動學習能力的基礎。認知能力包括內容知識與過程技能二部分。一般學校的教學大多著重內容知識的教學，忽視了

過程技能的方法訓練。我國以往的資優教育也有同樣的問題。多年來，資優班的教學，多偏重內容知識教學，對於學習技能的訓練稍嫌不足。其實，內容知識的學習與過程技能的學習應該並重，在學習內容知識中同時學習過程技能，在過程技能的學習中同時增長內容知識，二者可以相輔相成。以目前情況而言，在普通班的班級教學大多以內容知識的學習為主，資優生在普通班中已可學好內容知識課程，而為資優生特別安排的教學方案或活動，可以以普通班所學的內容知識為基礎做加深加廣的學習，尤其做為過程技能學習的素材，因此，資優教學方案的安排可以增強普通班的學習成效，使普通班的級任教師樂於接受資優方案的教學安排，資優生也比較願意參與資優方案的教學活動，如此，內容知識和過程技能的學習可以同時達成。

二、內容知識應加以概念化與原則化

本模式也重視內容知識的學習。正如阮汝禮所說的，如果資優教育不重視一般知識的學習，則將來在生活上可能會遭遇到困難，因為資優生為了要有效地適應其所生長的文化環境，必須具有某些基本技能。但本模式對於內容知識的學習並非只是事實的學習，而是必須加以概念化和原則化。易言之，透過歸納、演繹等過程，將眾多的事實加以分類、比較、分析而形成概念，進而由概念關係的建立發現原理原則，此有便於學習的類化，也是資優者所期望的。例如由國慶日轉化成節日的概念，再轉化成節日放假的原則，資優生所學的是節日的概念和放假的原則，而不只是國慶日而已。

本模式對於內容知識的學習安排，以由普通班教師在班級中教學較佳，因為資優生可以和其他學生一同學習，而且可以較普通學

生學得快、學得好。為增強普通班的教學效果,另加安排的資優教學活動也可做延伸性的加深充實,惟仍不宜重複普通班的教學,以免浪費資優生寶貴的時間。

三、開展多元智慧

成功的學習需要有良好多元的學習技能,不僅能說能寫,能用電腦也會善用攝影技能,而且能批判、解決問題,更能創思,以展現出多元智慧的能力。

四、注重過程技能的學習

本綜合充實模式在認知技能的學習方面特別強調過程技能的學習。其實,一般學生也需要學習方法的訓練,所以過程技能的學習也可以在普通班級中實施,但是由於普通班級學生程度參差,內容知識的學習已佔去大部分的時間,許多學生還學不會而須做補救教學,加以一般級任教師較缺乏過程技能的教學能力,所以過程技能的學習大多落在資源班的教學上,成為普通班教學的延續與增強活動。

參、重要的過程技能

在本單元的活動中,下列技能係為學生成為一位主動學習者所必備的,教師也應深入了解,才能教導學生得心應手。

一、語彙能力

語言是思考的基礎,也是學習的主要媒介,而語彙能力又是語

言能力的要素。因此，培養資優兒童語彙能力至為重要。除一般語言能力之培養外，尤應重視組織用語彙、區分性語彙、類別性語彙、視覺性語彙、情感性言語、外語、方言、俚語、教學用語彙、語言或文字結構等。

下列活動可以提高學生的語彙能力：

㈠設計活動讓學生學習如何找出代表整體思想的關鍵字句。例如，老師念一篇新聞（或故事），學生要以五到七個字做為這段新聞下標題或提出該文章的大意。學生必須仔細聽，以了解文章的真正意義。老師也可以把這個步驟倒過來，讓學生根據自己所寫的標題，重述整個新聞（或故事）。

㈡試列出「美麗」一詞的各種同義字、成語與比喻（包括俚語）。

㈢請利用下列情況造詞或成語：

‧以剩餘食物湊成之早餐。

‧十個大人和一個小孩在一起的宴會。

‧上課鈴響了還不進教室的學生。

㈣自某一雜誌上剪下連環漫畫，除去文字說明後，試著再為該連環漫畫另擬情節說明。

㈤試以昨日報紙之頭條新聞，另換六個標題。

㈥成語接龍遊戲。

㈦「思想好像一具降落傘，在它沒有張開時是沒有用處的。」試比照上列句子，完成下列句子：

「人生好像一部聖經，……。」

「親情好像老祖母的眼鏡，……。」

「考試好像一把長尺……。」

㈧請提出由外語演變而來的語彙，如「紅不讓」、「甜不辣」等。

㈨成語或語彙猜謎,並說出其由來。

㈩地方性俚語,包括台語、客家語、原住民語言等。

二、組織能力

　　資優兒童興趣廣泛,求知若渴,如何使其能在最短時間內吸收最多知識;或如何將已有的知識,以最經濟有效完整的方式,針對目標提供成果報告,就必須具備良好的組織能力。易言之,培養資優兒童組織能力,便於其新經驗的輸入及學習結果的輸出。下列次要能力係為培養組織能力所必需:

㈠確定組織核心

　　要對雜亂無序的不同材料加以組織使其成有系統、有重點、有目的的資料,或對已有系統、有組織之材料加以重新調整、組織,使成為一種新的體系,就必須先確定以何者為組織材料之核心。不論已存在之理論或事實,或是假設或理念,都可以做為組織之核心。如不同的學說、原理、假設、事實等都可為核心以組織素材或重新調整體裁。

㈡決定組織原則

　　材料的組織必須有原則、有方法,才能有系統。組織的方式可依下列原則:

1. 相似性:依相似之特質組織之。

2. 相稱性:依對稱之原則組織之。

3. 相異性:找出事物間相異之處以為組織之基礎。

4. 相關性:依相關之特性組織之。

5. 層級性:依大小、輕重、高低、多少、粗細、優劣等原則組織之。

6.歸類與系統：以分組歸類或統一系統之方式組織之。

㈢**選定組織方法**

　　包括下列各種組織的方法：

1.分析法。

2.綜合法。

3.分合法。

4.歸納法。

㈣**下列活動有助於組織能力的培養**

1.給學生十至十五種萌芽期不同的花種籽，告訴學生希望在一特定
　的節日或時間，讓所有的花都開花。請他們設計一份種花時間
　表，以活動當天為第一天算起。

　　　這個活動也可變化為：請學生設計一份時間表，使得一直都
　有花開；或每次開花時都同時有一種矮的花及一種高的花出現。

2.學生能在所有類似的活動中表現出上述同樣的處置方法。例如，
　媽媽有四件事要辦，她應該如何安排該四件事的順序，以節省汽
　油。

3.把一篇組織架構不清的文章，依照其內容間的相關性，標出主標
　題、次標題，重新改寫之。

4.從別人零亂的敘述中，抓出要點，以特定的系統，重述一次。把
　模型玩具的零件拆卸下來，重新組合。

5.花整個週日，依照圖書分類法，整理自己的藏書。

6.依照試管的長短、粗細，整理實驗室的試管。

7.寫作文時，依照自己表達觀念的性質，先寫出各段標題。

8.把電扇拆卸下來清洗後，再裝回去。

9.班會時，條理分明地向同學宣布事情。

10.你能想到其他有關組織能力的例子嗎？

11.把下面的文章，依照「階段」重新組織並改寫，使其更明晰。

例子：蝴蝶的生活史

蝴蝶在樹上或植物上產卵，卵是蝴蝶生活史中的第一個階段。卵化成為幼蟲，每一百隻幼蟲中大約只有一至二隻會長大為成蟲，幼蟲是蝴蝶生活史中的第二階段。幼蟲長相和成蟲大不相同，它食量大，成長快速，當身體變得太大，表皮即裂開蛻化，新的、大一些的表皮隨即長出。完全成熟的幼蟲附著在枝葉上變成蛹，蛹的外面有一堅硬、閃亮、形狀似盒子的繭保護著，此乃蝴蝶生活中的另一階段。數週之後，繭裂開，出現一隻長成的蝴蝶。

12.紙牌的不同排列法。

13.方塊的重組。

14.請繪製「學校」及「班級」組織系統圖。

15.請以十位同學為一組，依各生不同能力、特質加以編組，以完成教師交付之任務。

16.剔除一篇文章中的贅語，並加重組，使其更優美。

三、提問能力

提問能力是學習的重要技能之一，善於提問者較能解惑。兒童的提問能力包括：(1)提出自我引導問題的能力；(2)提出關鍵性問題的能力；(3)一般的提問技巧。

㈠提出自我引導問題的能力

兒童在學習或解決問題過程中，經常會碰到疑難問題，或迷失學習或解題的方向。學生如能針對疑難或迷失之處提出自我引導之

問題，必有助於學習或解題。所提自我引導之問題，應以能顯示下列訊息為原則：(1)中心消息；(2)流程方法；(3)運作模式或因果關係；(4)材料組織方式；(5)可行方案；(6)問題範疇。茲舉實例如下：

1. 教師向學生說一段故事，學生隨時自我提出問題，然後加以串連藉以猜測故事發展的可能性。例如，很久以前，世界還沒有複雜的計數制度，當時是以其他方法來計時的。在此活動裡，老師與學生展開討論，老師提出一些自我導向的問題來與學生討論當時的人如何不用數字來計時，如「你想他們是如何知道時間的？」「什麼東西可以用來代替鐘？」「其他人類如何計數？」「原住民如何計數？」如此，可以讓學生以腦力激盪法想出各種替代鐘的方法（如日晷、水鐘、脈膊跳動率，其他具有規則間隔的事物）。

2. 指導兒童在閱讀故事書或看電視時能隨時提出自我引導的問題，以增進效果。

㈡提出關鍵性問題的能力

提問關鍵部分之能力，乃是學習或解決問題的重要技能。善於提問關鍵重點者，較能把握關鍵，獲得解答。此種能力包括下列各項：(1)足於顯示解題或研究之地點；(2)足於顯露未知之訊息；(3)能界定次要問題；(4)足以建立研究情境；(5)足以顯示已知未知事物間之關係；(6)發現影響的因素。茲舉實例說明如下：

1. 提出下列關鍵性的問題：我們生活在一個變化的世界裡，因此我們應了解這些變化。

在此活動裡，學生要嘗試去判斷哪些工作是永久的，哪些工作只是暫時的。要達到這個目的，老師可以提出一系列關鍵性的問題：(1)什麼樣的工作已經存在很久了？(2)什麼樣的工作是最近

才出現的？⑶什麼因素使某些工作可以持久下去，而某些工作卻來了又去？你能想出一些例外的工作嗎？永久性工作和暫時性工作區分的原則為何？以此方式可以訓練。

學生鑑別舊的及新的工作。他們也許需要一段時間來建立其因果關係理論，但是大部分的學生，只要有足夠的思考時間，都能自行發展出一套「原則」。

2.指導兒童在學習過程中或在問題解決之前，隨時提出一些關鍵性的問題，將有利於學習或解題。

㈢**一般的提問技巧**，包括下列數類：

1.記憶性：辨認或回憶所學過的資料。依據桑德斯（Sanders）的記憶性思考，問題可分為四種：

⑴事實是什麼？誰做的？什麼時候做的？有多少？

⑵解釋名詞：什麼叫偶數？

⑶歸納：辨認一組觀念或事物中的共同點。

是什麼引發（或造成）鴉片戰爭的？

這兩件東西（或觀念）的相同處？試舉出三點。

甲與乙對丙的影響是什麼？

⑷價值：品質的判斷。

大家對小明的看法如何？你同意嗎？

小雄是怎樣的男孩？

小王做的事當中，有哪些是你不會做的？

2.說明：以不同的方式或語言表達觀念。例如：

⑴以你自己的語言方式說明善有善報、惡有惡報。

⑵你要怎麼畫（或畫什麼）來表達非常高興。

⑶我們可不可以把這個故事演出來？

⑷作者這句話的意思是什麼？

⑸請用「假如你是……」寫一篇文章。

⑹這句話可以用另一種方法說出來。

3.解釋：嘗試找出事實，歸納價值中的關係。桑德斯認為有以下五
種解釋：

⑴比較性：比較觀念間是否相異？相同？相關？相對？例如：

甲與乙哪裡相同？丙與丁相同嗎？為什麼不同？

這裡哪三樣最相似？

⑵暗示：從閱讀的資料內獲致觀念。例如：

甲與乙會導致丙嗎？

如果小明繼續堅持的話，事情會變得怎樣？

如果你更用功會怎麼樣？

⑶歸納性思考：將某一通則運用在一組可見的事例上。

這個故事裡有哪些事例可以用來支持三人行必有我師的觀念？

作者這個事例是想表達什麼？

由甲的穿衣行為，你了解甲什麼？

什麼事件是失敗的導因？為什麼？

⑷量：以量來達成結論。例如：

你的體重已經增加多少了？

從圖表中，你可以得到什麼結論？

⑸因果：辨認事件的導因。例如：

這些男孩為什麼這樣做呢？

這個男生用什麼方法使火災發生呢？

哪二件事情造成這件事的發生？

如果這個小女孩太愛吃零食，會發生什麼事？

這事怎麼發生的?

4. 應用:運用原則、事實、價值及其他適當的思考型態來解決問題。

(1)如果我們想在教室養老鼠,我們要做些什麼樣的計畫?

(2)小明生病好幾天了,我們要怎麼幫他?我們怎麼讓他知道我們想他?

5. 分析:辨認及運用邏輯原則來解決問題、分析推理。例如:

(1)討論「所有老師都是和藹可親的」這句話。

(2)有些人認為男孩跑得比女孩快。

(3)小華被狗咬過,現在他不喜歡狗,他這種感覺對不對?為什麼?

6. 綜合:運用獨特而富創造的思考來解決問題。例如:

(1)這個故事還可以用什麼名稱?

(2)這個故事可以有什麼樣不同的結局?

(3)假如你是一位鉛筆製造廠商,你想製造比目前的鉛筆更好的鉛筆,你會怎麼做?

7. 評量:依據清楚的標準判斷。例如:

(1)你喜歡西遊記的故事嗎?為什麼?

(2)你認為這個故事中的小華怎麼樣?你贊成他的行為嗎?

(3)在書裡,作者說小君表現得很聰明,你認為這只是作者個人意見,還是事實?你怎麼看得出來的?

(4)這個故事結局很美滿嗎?是不是所有的故事都這樣?為什麼不是?

(5)寫一篇你喜愛的歷史人物的短篇故事,並說明為什麼他是你最喜愛的人物?

四、界定問題之能力

要研究某一問題，首先必須將此問題之所在及擬研究之範圍加以確定，才可以進行研究工作。如果兒童缺乏界定問題之能力，往往不知從何處下手，或得到合理的研究結果。因此，我們應積極培養資優兒童下列技能：

㈠能以適當的標準做為某些資料選用與否之依據。

㈡能依特殊目的選用特殊材料。

㈢能依特殊情況選用適當的工具和方法。

㈣能將問題情境概念化，並能想像問題之全貌。

下列活動可以培養學生界定問題的能力：

㈠給學生十樣物品，讓學生將此十樣物品依某一種圖形排列，然後要學生移動三樣物品，使變成另一種圖形。讓學生用想像力移動物品（如果是低年級兒童，則讓他們把手放在背後）。每當學生想起一個方法，就實際移動物品試試看，一直到完成另一種圖形為止。

活動結束後，要學生寫出解決問題的十條「法則」。（如，確定自己了解問題，重組問題以得到線索等……）

㈡決定模範生選拔的標準。

㈢籌畫一項參觀動物園的活動時，你以「檢核表」的方式列出所有應該準備的事情。

㈣確定說話課要報告的主題，並著手收集資料。

㈤針對一項自然研究主題，提出研究目的、研究方法和所需的工具。

㈥找出兩個同學間爭論的焦點，並扮演和事佬。

(七)指出一歷史事件發生及變遷的關鍵所在。

(八)如果你是交通部長，試說明解決市區停車問題所牽涉到的事情和
　　單位。

(九)你以里長的身分，要在社區發起一個「全民體育促進俱樂部」，
　　以鼓勵民眾參與並支持體育活動的發展。試問你應採取哪些步
　　驟？

五、分析能力

　　分析乃是檢查一個整體的各部分，以探討及了解彼此間的關
係，再加以組合的過程。例如，將鬧鐘分解，看看裡面大大小小的
齒輪以及發條的作用之後，再組合起來，這一連串的過程，就是所
謂「分析」。而將鬧鐘分解開來的，即是所謂「分開」的階段。接
下去，哪一個齒輪和哪一個齒輪有接連關係，發條的力量又是怎樣
地傳導出去，使得時針、分針、秒針如此移動，像這樣，能夠滿足
自己興趣及慾望的過程，就是「了解」的階段。最後，再全部組合
起來，這就是「組合」的階段。所以，我們普通所說的分析，就有
「分開」→「了解」→「組合」這樣的三個階段，而並不是只有分
開而已。

(一)分析的第一個步驟——分開

　　分析的第一步就是「分開」，為什麼分開呢？事情愈複雜，愈
是不能馬虎，否則就更難理解了。分開時要考慮下列各點：

1.分開法——分成兩部分或是三部分以上，把其中之一拿出來分
　開。

2.類型——以各類型項目為單位，逐次再細分。

3.基準——要按照規格的基準來分開，或者是製出基準來分開。

　　分開的方法有無數種，只要分出需要的一方——合乎目的的一方，就可以用循環的分開法。分開的類型亦有多種，例如：將人分為成年和未成年，如此就是以年齡來區分，若再加上男女性別的分開，就變成更進一層性別區分，若是又加上平均身高為基準的話，亦就是將高大的人和矮小的人分開，就變成更詳細的分開法。當然，可以繼續不斷地增加分析項目。分開的基準，有的很清楚，例如：男女性別的基準。也有一面造成基準一面予以分開的，例如：先測定平均的身高，然後以身高作為基準，而分化成高大的人和矮小的人。也有先進行質問，而對某一意見表示贊成或反對的分開法。

(二)分析的第二個步驟——對分開的部位進行了解

　　謹慎的觀察，才會明瞭分開部分之間的關係，觀察以男女性別和年紀來區分的分割表，就可以了解：在未成年時，男女的數量並沒有太大的差異，可是到了成年，女人的數量比男人多。這種事實，就是由觀察而來了解的，也可以說，女性的平均壽命比男性長，才會有此結果。這樣的解釋，即表示是「了解」，也可以說是完全閱讀過資料。閱讀資料，必須注意下列各點：

1.置換——數值化、記號化等等。

2.比較——時間系列比較、國際比較、性別比較等等。

3.模型化——回歸式（表示因果關係的方程式）、相關性等等。

4.洞察——因果、預測等等。

　　為了要了解複雜關係而用數值或數量來置換的處理法也非常普遍。例如：我們對別人說：「我曾經見到過這樣美麗的屋子！有桃紅色的磚，窗戶旁邊放著鋁合金製造的花盆，屋頂還有鴿子在棲息。」聽到的人都感到印象很模糊。所以，應該對他們說：「我曾

經看到價值千萬美金的屋子！」如此一來，成人們就會發出吃驚的驚嘆聲，並且隨口說道：「多麼豪華、美麗而令人嚮往的屋子呀！」這就是所謂數值化的功效了。然而，對於沒有辦法數值化的事物，如「桃紅色的磚」，或是「窗戶旁的鋁合金花盆」，根本不需要考慮數值化。因此，洞察力在了解上是不可或缺的。

(三)分析的第三個步驟——組合

分析中第三階段的組合，就是根據了解的事實來計畫行動的方針。組合和分析、了解，同樣兼具數種性質，但是，把鐘錶分解後再組合，就只是回復到原來的狀況，而不算是完全的組合，唯有如下各項，才算是屬於組合的情形：

1.組合後成為近似原來形狀的東西。

2.把幾個部分統合起來，造成更大的東西。

3.完全製造成新的組合。

分析的對象過大，而且又太複雜時，很難迅速做充分的把握，所以，應將主體分析成幾個層次，然後再把其中的要素提出來構成。例如，大學生們在研究社會問題時，通常會組成幾個研究小組，分為地理、歷史、文化、生活、產業等等，分頭進行研究，然後統一起來寫報告書，這就是在構成近似原形狀的基礎步驟。也許在街上某一餐廳裡，嚐到了很美味的食物，因而印象深刻，於是，自己著手去找材料、烹調法和器具等等，試著去烹調，這也是意圖製造近似原本形狀的一種作業。將所收集的東西增加數量，以製造出更大的組合物，就是2.的性質。若非只從現有的材料中烹調出簡單的一種食物，而是按照某一目標加以適當組合的話，就有一件件新的東西相繼產生。構想就是異質要素的新組合，像這樣完全新的組合就是3.的情形。有許多企畫就是屬於這一種。

　　總之，分析這種工作，若是予以步驟化時，就是分開→了解→組合三個階段，可是，分析不一定是按照這種步驟，換句話說，它可以理性的分為兩種情況：

1. 把三個階段在短時間之內完成。我們若以拳擊為例來考慮，就很容易了解。對方自右邊出拳打過來，我方該如何反擊打回去呢？在經歷此考慮階段時，就把平常訓練、練習時的狀況列出來，好好考慮、分析，以決定出最佳對策。然而在開始猛擊之前，身體還是會不由得先動起來，因為只要反應稍慢了一拍，往往就會受到對方猛烈的打擊而倒下，結果當然敗北了！因此，動用靈感必須像拳擊般──一定要爭取時間。不過，所謂的動用靈感，並非指盲目的急著去做，而是指在短時間之內，仍按分開、了解、組合的分析手續來進行。如此，往往自己原來毫無感覺的東西，只要動一動靈感，便能將瞬間的過程，作仔細地觀察。而後，切實實施每一步驟。

2. 反覆地實施這三個階段，但卻無法正確地區分成為三個階段。這種方法專門用來應付依過去的傾向仍然沒有辦法確切推測未來的性質的特殊事例。例如：癌症的死亡率，大概在多少年之後，會減為一半呢？面對這個問題，就只有針對許多醫生展開調查，等到首次調查結果統計發表之後，再一次對相同的人作民意調查，如此反覆地做，最後就能探究出大家一致的意見。所以，被調查的這些專家，必須使用分開→了解→組合的步驟來回答。再如「請提出能夠表現將來人類生存方法的一句話」，有此質問時，就和探究法一樣，在做了大約兩次的民意調查之後，將會有很多不同的解答送到，其中定有一種說法特別多，這就表示，大家的反應都集中在這句話上，而將這句話當做暗示的話來使用。

㈣分析是學習技能中的重要能力之一，善於運用分析能力的人將較
能解決問題

　　茲將「分析」的要素及範例說明如下（見表 3-1）：

表 3-1　分析摘要表

描述（分解）	學生學習範例	問題範例／活動
・將材料分解成構成要素	・發掘獨特的特色 ・區分事實與推測	・將芭蕾舞的舞步簡略描述 ・檢視一幢房子內施工不良的情況
・了解組織結構	・評估資料的關鍵性 ・找出思考過程中邏輯推理的荒謬處	・從一幅畫中發掘繪畫（或藝術）的原則，愈多愈好
・分析組成份子間的關係	・找出隱含的假設 ・分析作品（藝術、音樂、寫作）中的組織結構	・閱讀一本非小說的書籍，將書分成若干章節，並說明章節順序如此安排的理由
・找出有關的組織原則	・比較及對照	・檢視可能對立法人員造成壓力的力量
・了解內容及結構型態	・概略描述書面的資料	・檢視兩篇總統的演講，並作比較與對照
・分析構成要素	・發現問題 ・詳列屬性 ・型態分析	・找出我們國家面對的問題之一，再找出造成這個問題的真正原因

㈤**下列分析活動實例可供參考**

1. 下列情況便是利用分析：

(1)解出密碼。

(2)把你收集的昆蟲貼上標籤。

(3)花個週六上午把你抽屜中的「寶藏」分類整理。

(4)設想你是一位心理醫師，並曾為某一位人物做過許多次的心理治療，你的病人剛離開你的辦公室，請將病人內心的衝突及問題加以分析。

(5)寫一封信給書中主角，忠告其應如何與書中其他人物相處、如何處理衝突，及如何計畫其行動。

(6)調查市議員受到哪些人情的壓力。

(7)比較兩本書的插圖說明，並列出其可能對讀者產生的影響。

(8)比較你與兄弟姊妹對書中人物看法之異同。

2. 分析一個管弦樂團需要哪些團員？

3. 用任何有效的統計表從過去參加的球員中挑一隊來為你喜歡的運動組成一個明星球隊。

4. 使五種豆科植物發芽──或其他任何長得快的植物亦可，用一種植物做控制組：正常的水、空氣、光線和土壤，其他四種各改變其中一項條件。例如：

(1)正常的水、空氣、光線和沙質等。

(2)正常的水、空氣、土壤，沒有光線。

六週後分析其結果。

5. 嘗試下面的類推：

(1)時間之於時鐘猶如溫度之於＿＿＿＿＿。

(2)月之於明猶如青之於＿＿＿＿＿。

⑶墨水之於鋼筆猶如油漆之於_____。

⑷真實之於虛假猶如睡著之於_____。

⑸牛之於草猶如雞之於_____。

⑹蝴蝶之於天空猶如小蟲之於_____。

請記錄這一週，你從事「分析」活動的事例……。

以上的分析能力係針對內容加以分析，也就是所謂的實質分析。然而，過程的分析也非常重要，也就是所謂的形式分析。對每件事情的結果，最後能分析其來龍去脈，了解導致結果的運作形式，以及事情發生過程中或事件進行中各要素間的互相關係，轉變的關鍵及其歷程，加速或減慢的情況，為增進效率所做的調整過程，以及依分析結果重新設計的能力都包括在內。再舉實例說明於下：

7.觀察工廠裝配線運作過程，此活動讓學生參觀一家漢堡速食店（或汽車裝配廠、包裝廠等），去看工人如何一步一步地把漢堡做出來。回到學校後，學生可以自己模仿設立一裝配線，體驗身歷其境的感覺。活動之後，檢驗學生能否鑑別及分析另一種具有多步驟的過程。

㈥另有人將分析分為三類

「分析」可分為：分類分析、結構分析、運作分析。當我們分類時，我們回答兩個問題：「這是什麼種類？」及「這有什麼種類？」當我們在做結構分析時，我們回答兩個問題：「這是什麼的一部分？」及「這含有什麼部分？」當我們在做運作分析時，我們回答兩個問題：「這是在什麼階段？」及「這含有哪些階段？」

當我們說：「人類是動物的一種」，我們就正在分類分析；當我們說：「腿是人的一部分」，我們就正在做結構分析；當我們

說：「童年是人生的一個階段」，我們正在做運作分析。分類分析
必須用到事情的「種類」；結構分析必須用到事物的「部分」；運
作分析必須用到事物改變的「階段」。

下列練習可以幫助你區分分析之三種形式：下面六個題目，如
果屬於分類分析，請寫上「C」；如果屬於結構分析的例子，請寫
上「S」；如是運作分析的例子，則寫上「O」。

(1)「有機體」　　(2)「樹」　　(3)「人類」

⎰動物　　　　⎰樹幹　　　　⎰好的
⎱人類　　　　⎱樹枝　　　　⎱壞的
　野獸　　　　　根
　植物

(4)「早晨」　　(5)「人」　　(6)「營養」

⎰起床　　　　⎰頭　　　　　⎰吃
⎱吃早餐　　　⎱軀幹　　　　⎱嚼
　上學　　　　　四肢　　　　　吞

1.分類分析

(1)這裡有個圖表可顯示出有些水果可用顏色來分類。

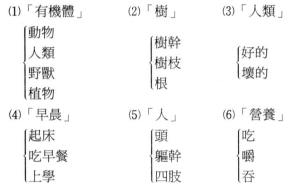

(2)請將下列蔬菜依顏色分類，把相同或相似的分入同一組。

萵苣　　　　　紅蘿蔔　　　　　　　　紅包心菜

蘿蔔　　　　　賴馬豆（綠白色扁豆）　玉米

南瓜　　　　　　　　　　　　　　　　小麥

(3)這是一些工具的圖，請將它們依其用途分成兩類，並註明每一分類。

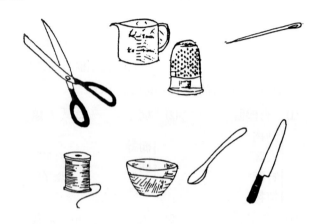

(4)這裡有一些幾何圖形。請將它們分類。並註明每一種分類，它們是否有多種分類方法？如果有，請做出來。

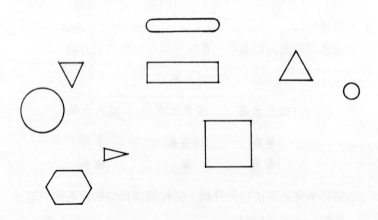

2.結構分析

(1)請分析下列問題：

①一本書的內容有哪些組成部分？

②一本書的主要組成部分是什麼？

③一本書的次要組成部分是什麼？

④第一章是何者的一部分？

(2)這是人類手骨的圖。

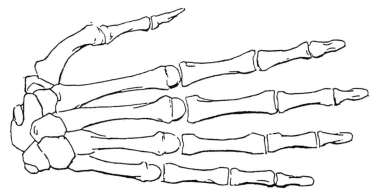

請依據它的結構分析此圖樣。

(3)下面是依據一棵植物的結構所做的分析：

現在，請依據結構，分析一棵樹。

(4)說出一具電話機可看到的部分有哪些？這些部分各有什麼功

能？你能將它畫成圖表表示出來嗎？

(5)這是一個分析結構圖，顯示出一棵樹的部分，一株玫瑰灌木的部分，及二者相同之交集部分。

請做一個桌子與椅子之部分的類似分析結構圖。

(6)說出魚與狗所共有之外表身體相同部分有哪些？然後列舉只有魚才有的部分。再列舉僅有狗才有的部分有哪些？

人類有無任何部分是魚才有的？

狗所有的部分有哪些是人類沒有的？

3.運作分析

(1)請研究一個打獵過程的運作分析。

打獵時，

①潛行

　A.跟蹤

　B.看見

　C.接近

②射擊

　A.瞄準

　B.開火

　　a. 緊握板機

　　b. 發出子彈

③命中

④開始尋找獵獲物

(2)請參考上述第(1)題，回答這些問題：

①射擊的兩個階段是什麼？

②打獵的三個主要階段是什麼？

③開火可分成哪兩個階段？

(3)在油漆一張椅子的事情上，請就其中的運作程序，填入下列架構表中。右列的敘述未按次序排出。你可以參考上述第(1)題填答。

①：＿＿＿＿＿＿＿＿＿　　　1.清潔刷子

　A.＿＿＿＿＿＿＿＿＿　　　2.將漆塗上椅子

　B.＿＿＿＿＿＿＿＿＿　　　3.準備

②：＿＿＿＿＿＿＿＿＿　　　4.買漆

③：＿＿＿＿＿＿＿＿＿　　　5.清潔乾淨

　A.＿＿＿＿＿＿＿＿＿　　　6.將漆調好

　B.＿＿＿＿＿＿＿＿＿　　　7.收拾剩餘的漆、刷子和其他工具

(4)下列四個活動請參照上述第(1)題所列之運作簡圖樣式，繪出每個活動之運作簡圖。

①你從醒來到上學之晨間活動。

②一個棒球員從他跑向本壘到他回到休息區之間所發生之活動。

③整理床舖。

④換一個腳踏車胎的過程。

(七)有時我們能藉由「訊息」分析事情

如我們看到一個人的眼睛幾乎張不開，且兩眼都有黑眼圈，走

起路姿勢呆拙，我們可以說，根據我們觀察到的「訊息」是「這個人累了」。

1. 說出秋天的三個訊息。

2. 說出一家店舖已被搶的三個訊息。

3. 說出一個人是老師的三個訊息。

4. 說出一個人不快樂的三個訊息。

5. 說出商店夜間打烊的三個訊息。

6. 說出一個人是聰明的三個訊息。

7. 說出今天別人可能已注意到你的兩個或三個訊息，這些訊息告訴他們有關你的什麼事呢？

(八)「曖昧」這字，意指有些事可有多種意義與解釋

　　這有多種解釋的字，可由它前後文的意思，找出它適當的用意。請說出下列每個句中英文單字「ring」的意思。

1. 她戴著一個小「ring」（戒指）在她手指上。

2. 你「ring」（敲響）這鐘的嗎？

3. 你看見那煙「ring」（圈）嗎？

4. 那拳擊手離開了「ring」（競技場）？

5. 一「ring」（群）的歹徒被警察驅散了。

6. 我聽到很大聲的「ring」（鈴響）。

7. 我正要「ring」（打電話）給你，但我忘了你的電話號碼。

六、綜合能力

　　綜合是把各部分放在一起組成一個整體，或重新安排各部分形成一個新的形式或結構。輔導資優生將所有的意見綜合而成一個獨特計畫，或將片段的知識用自己獨特的方式加以統整，都是綜合能

力的表現。當兒童從事下列活動時，就必須運用綜合的技巧。（見表 3-2）

表 3-2　綜合摘要表

描述（形成新事物）	學生學習範例	問題範例／活動
・將部分組合成一新事物 ・形成新的建構（組）	・設計新奇的計畫 ・假設 ・書寫一個組織良好的主題 ・寫一段富創意的故事、詩或歌曲	・組合戲劇、音樂及舞蹈成為一舞台劇 ・為學校設計省錢的計畫 ・綜合運用各種能力，創造一個新遊戲
・抽象關聯	・提出一套實驗計畫 ・將不同科目的知識融合以解決問題	・將教科書中的某一章或某一單元依你的方式重新安排
・以獨特的方式溝通觀念	・形成另一新的分類模式	・以一種不平常（奇特）的方式傳遞一篇你曾看過的故事內容
・用文字描寫一套運作 ・創造新奇的事物 ・將事物以新方式組合	・發現新的組合方式 ・確認目標 ・演示某一觀念或產品改變的方式，或可以如何改變。	・說出可以改進教室學習情況的方法

㈠下列活動可以培養兒童綜合能力：

1.你為你和朋友組成的俱樂部編一個密碼。

2.用三塊大理石、剩下的破玩具和零散的棋盤設計一個新的遊戲。

3.設計一張地圖或流程圖。

4.為一幅漫畫寫一個新標題。

5. 用冰箱剩下的東西假想做一個三明治。

6. 為你服務的機構擬訂一個發展計畫。

7. 寫一篇有系統、有組織的作文。

8. 把某一本書中的故事改寫成新聞或專訪，並像報紙的頭條新聞題上標題。

9. 設想你是個設計家，想要為一本書設計一個新封面及每一章之插圖。

10. 請用「黃昏」、「枯樹」、「流浪人」組成一篇新奇的故事或詩歌。

11. 製作一個木雕，來代替小說的主題或人物。

12. 用照片、圖片及幻燈片來報告你的旅遊經過。

13. 假設這本書要拍成電影，請為其畫一張廣告海報。

14. 設想你是書中某一位重要人物，用啞劇來表達出這本小說情節的發展。

15. 設想你在出版社的廣告部門工作，請為某一本書設計一個廣告展示會。（你可用作者的照片、海報或厚紙板等方式來表達。）

16. 拍攝各類可代表你對某小說了解情形的照片。

17. 將小說中的某一事件拿來做辯論的主題。

18. 為書中的主角在報紙分類廣告欄中找到一個適當的工作，並替他寫一封應徵信及安排晤談。

19. 設想你是一位報社記者，請為書中最重要之事件寫一篇新聞或專訪。

20. 寫一篇有關書中某問題、情境、人物，或主題的短篇小說或詩。

㈡當你做一件新事情時，運用你的綜合能力做一個表。

㈢利用空線軸做啟動裝置，再加上周圍你能找到的雜物，創造一個

機器或裝置，給它取個名稱並說明它的功能。

㈣假設你是一位愛吃甜點的人，現在興起了吃甜食的念頭，請計畫製作一種全新口味甜脆的甜餅。

1.餅的外皮：＿＿＿＿＿＿＿＿＿＿＿＿＿＿＿＿＿＿＿＿＿

＿＿＿＿＿＿＿＿＿＿＿＿＿＿＿＿＿＿＿＿＿＿＿＿＿＿＿

2.基本佐料：＿＿＿＿＿＿＿＿＿＿＿＿＿＿＿＿＿＿＿＿＿

＿＿＿＿＿＿＿＿＿＿＿＿＿＿＿＿＿＿＿＿＿＿＿＿＿＿＿

3.其他材料：＿＿＿＿＿＿＿＿＿＿＿＿＿＿＿＿＿＿＿＿＿

＿＿＿＿＿＿＿＿＿＿＿＿＿＿＿＿＿＿＿＿＿＿＿＿＿＿＿

4.製作方法：＿＿＿＿＿＿＿＿＿＿＿＿＿＿＿＿＿＿＿＿＿

＿＿＿＿＿＿＿＿＿＿＿＿＿＿＿＿＿＿＿＿＿＿＿＿＿＿＿

5.請對你的「傑作」做一個說明。

㈤向親切的圖書管理員要一份杜威圖書十進位分類法，將一堆書做正確的分類。再利用杜威式的分類法去整理組織你生活周遭的事物。

㈥綜合活動是很有趣的，它需要運用創造思考及批判思考，包含創作新事物及改變舊事物，請設計出一個綜合活動讓其他人共享。

㈦請記錄這一週的「綜合」事例……。

㈧你能夠為任何漫畫設計新的對話嗎？

七、評價能力

　　評價是依據某項標準做價值判斷的能力。資優兒童具備評價能力，在選取學習材料上較符合需要，可以節省人力、物力上無謂的浪費。（見表3-3）

表 3-3　評價摘要表

描　述（判斷）	學生學習範例	問題範例／活動
・判斷材料價值的能力	・依內在或外在條件或標準判斷資料或觀念（意見） ・將想法分等級	・決定哪一個人最適合某種職位 ・依你自己的標準列出好運動員應具備的條件
・運用既定標準判斷	・依標準去接受或拒絕某些觀念 ・判斷書面資料的邏輯一貫性	・決定哪一份報告或方案最好 ・宣讀兩篇描寫同一事件的不同報導，決定哪一篇的描述較合乎邏輯
・依明定之標準作價值判斷	・判斷下結論所用之資料是否足夠、適當	・評量班上同學剛完成的海報或壁報
・最高學習成果	・依照內在標準或外在優良的標準判斷作品（藝術、音樂、寫作）的價值	・替你最敬愛的歷史人物作辯護 ・決定構成「良好資源」的必要標準
・同時運用認知與感性思考	・發展出評量的標準 ・評量同儕的方案或發表的意見	・簡述本年內你與班上互動參與的情形
・與 CPS 有關之項目：尋找解答及作決定 ・與 Guilford 的評量範疇有關	・評量自己的觀念及成果	

下列活動有助於評價能力的培養：

1. 當遇到下列情況時你正在作評價：

　　(1)你去逛街買鞋，在看了幾雙後，決定買皮鞋而不買布鞋。

　　(2)你投票選出立法委員。

　　(3)你計畫建造一座花園，而在決定最好種植何種蔬菜和花卉之

前，必須考慮用何種土壤和所花費的時間。

(4)你重寫一份重要的計畫，因為你已想到一些方法要改善它。

2.以標準來評價，請列出一些其他的情況，其中包含需要用到評價的過程。

_____

_____

3.評價是依據某項標準做價值判斷的能力。具有下列特徵：

(1)根據內在或外在的標準對某一事物做判斷。

(2)評定事物或意見的等第，或滿意程度。

(3)根據已知的標準決定接受或拒絕某項事物。

(4)評判某一事物的一致性、連貫性、準確性及有效性等。

(5)評價可能是屬於量的或質的，其標準可能由學生本人決定，或由別人所提供。下面的例子也是評價的活動：

　　　你的鄰居計畫替她五歲大的女兒舉行一個生日宴會，她一共邀請了十二位同齡的女孩子，你主動到商店去買四種食品來款待。以下是商店所提供的商品，選出你決定買的物品並加以說明理由。

物　品	是	否	理　　由	物　品	是	否	理　　由
蛋　糕				速食麵			
糖　果				餅　乾			
水　果				眼　鏡			
牛　乳				花　生			

4.列舉出你認為做一位班長所須具有的五個重要特質，在每個範圍內，對於班長的行為表現給予一至十個等級的評定。

5.根據雜誌或報紙的資料，選出其中四種你未曾用過的電器廣告。

仔細閱讀廣告資料，選出其中你想試試看的一種，並舉出至少三個理由說明你選擇的原因。你也可以更進一步的採取這種評價方式，用在每一種電器廣告，看看是否你所列出的意見或理由，會比廣告資料更詳盡。

6.假使你負責一項包水餃比賽的評選，你將以什麼做為決定勝利者的標準呢？請自行設計表格作一評分表。

7.請記錄這一週的「評價」事例……。

八、做摘要的能力

　　資優兒童應學習做摘要的能力，此種重要的學習技能，一方面可將繁雜的資料以簡明扼要的方式加以整理，便於學習，另一方面可將學習結果以摘要方式展示之，便於說明溝通。做摘要應包括下列技能：

1.能把握要點，提出要點。

2.能概覽全文，歸納重點。

3.能綜合各項內容，獲得一摘要性結論。

4.了解纂寫摘要之各種格式。

茲舉下列活動以供參考：

1.當你從事下列活動時，就是在運用摘要的技巧：

　(1)聽完一個故事後，以自己的話說出故事的大綱。

　(2)讀完課文後，寫下課文主旨大意及重點。

　(3)報告自然科實驗過程中的主要發現。

　(4)班會時，你當主席作結論。

　(5)辯論時，「結辯」作結論。

2.試以一百字以內，撰寫「狼來了」的故事綱要。

3.寫出國語第五課各段的重點及大意。

4.花三分鐘的時間向全班同學報告你最近看的一部電影的主要情節。

九、類化能力

　　兒童要想在學習上舉一反三，必須具有類化能力。一般訓練兒童推理能力之材料大都可運用於訓練兒童類推能力。經驗不足的兒童，尚有類化不足或類化過度的現象，為培養兒童類化技能，教師宜輔導學生了解各概念之必備屬性和相關屬性。必備屬性是某概念所涵蓋的各要素均應俱有，如不具該屬性，就非屬該概念。相關屬性是指部分要素具有該屬性，部分則否。概念分析法可參酌運用。茲舉實例如下：

㈠老師設計一系列有關足跡的活動（建議老師用大張紙貼在牆上讓學生研究），學生則分析及推測發生了什麼事。此活動也可做為另一種「閱讀」練習，或從原有資料中推論，此技巧在一般學校裡常用，如從一則神秘故事中找尋線索。

㈡將有名人士的照片（或圖片）分成十至十二小片。每組二名學生，其中一位學生每次拿一小片給另一位，直到他們認出該人為止。等到認出是誰後，兩位學生互換工作。此外，也可給學生一般物品的一部分，學生能從部分認出該物品。

十、聯想能力

　　研究事物間已存在或目前不存在的關係，必須要有豐富的聯想力，才能有積極、正面的學習效果。下面是訓練兒童聯想力的幾個重要關係：

1. 了解關聯關係。

2. 發現相似關係。

3. 指出從屬關係。

4. 認識重複形式或順序關係。

5. 了解符號與實物間之關係。

6. 了解固定關係：如比例、比率、組類，或其他固定關係。

　　至於訓練聯想的方法，略舉數項如下：

1. 運用類比法。

2. 想出新的用途。

3. 完成未完成之部分，使成整體。

4. 以形狀背景之區分聯想之。

5. 以再視覺化之方式進行聯想。

6. 在環境中找出欲研究之相同事物。

7. 深入推研，發展新的關係。

8. 先由實物形成概念，再依概念塑造模型。

茲舉實例說明於後：

1. 讓學生花幾分鐘的時間仔細研究他們的手，老師可以指出手是很
   奇怪，但又很奇妙的工具，學生也可以研究。

　　　　接著老師提出一系列問題和學生討論：如果一隻手只有三隻
　　手指或有八隻手指會怎樣？如果手指關節可以前後彎曲的話，我
　　們可以做什麼？你想我們為什麼有指甲？如果沒有關節，我們不
　　能做什麼？老師應鼓勵學生寫下他們對這些問題的可能聯想。

　　　　老師要鼓勵學生基於人體的構造去思考人類的限度及潛能，
　　並獎勵富有想像力的想法。

2. 高級飯店的大師傅與一般小廚師不同之處在於他們能將各種食物

混合成新奇的餐點，此活動要學生計畫一餐請客的菜，利用食物單上的食物，組合成新穎且美味的餐點，老師所列的食物可有水果、各種肉類、蔬菜、果醬、佐料等。如果學生想到具異國風味的食物，他們可以為這些餐點取新奇的名稱，甚至可以自製菜單。

此活動提供學生探索相關（或關聯）的機會，而不用怕會失敗。老師也可以提出問題：「混合食物有些什麼規則？」（觀念）

3.試列舉一塊普通磚頭的各種可能用途？

4.請為電影「外星人」另擬五個你認為很可能被選用的片名。

5.將一滴墨水滴在一張紙上，然後迅速以吸墨紙吸去，試盡量列舉墨水吸去後所留的污跡類似何物？

6.試構想三種方法，以改變畢業典禮為較佳的方式。

7.試想三項以上，相信對世界極有用處的「急需發明三物」。

8.試說出可以像茶壺一樣用來裝水的東西，愈多愈好。

9.試說出十種能讓小朋友在室內運用聯想力，以消遣自娛的方法。

十一、重組能力

重組能力亦為組織能力的一種，惟重組能力強調現有關係的再組合，使成新的關係形式。其要點如下：

1.依特定目的將現有資料之基本要素重加組合。

2.以重組的方式找出新的替代模式。

3.以不同組合方式收集事物。

茲舉實例於後：

1.老師要學生盡其可能的把班上同學分類及再分類，可用各種方法

分類。開始時，可以性別、高矮胖瘦、頭髮長短、姓氏、搭乘的公共汽車等來分類。

　　老師可以於此時介紹「類別」或「組性」的觀念。此外，也可給予學生一些事物，學生能以很多種方法來組織或分類。

2.讓學生從家裡帶來用過的各種容器，如蛋盒、牛奶盒、罐子、嬰兒罐頭。

　　容器都是多用途的，但是，我們每天都丟掉很多瓶、罐、盒子及袋子，這些丟掉的東西可以有其他用處。

　　在正式開始前，先將學生帶來的東西展示在桌上，讓學生研究。然後，讓全班學生建議這些廢棄的物品還有什麼新用途？

　　鼓勵學生一起思考，使用腦力激盪法。期能從現有事物中找出新用途的技巧，對於發明是很重要的。

　　鼓勵學生將他們的想法發展出一套新東西或新模式。

3.小明放學回家後，發現朋友寄來了一張紙條，寫著下面幾個字。看起來像是暗號一樣，不知其中真正意義為何？

4.有個煎餅的形狀如下圖。現在想把它平分給三個人，但形狀、大

小要相同，同時每一塊上還要各有一個○和一個●。請問如何分好呢？

5. 有個如下圖那樣的動物園。現在決定把它分隔成同形、同大的四個部分，並且每一部分的牛、馬、豬、綿羊之頭數也要完全一樣。請問怎麼分隔法呢？

6. 試將下列物品作若干有用的組合。

・排球和鋼製彈簧。

・十三個空保特瓶、火柴和六公升的水。

・一根手杖、一個鉸鏈及一頂瓜皮帽。

十二、概念化的能力

概念是具有共同屬性事物的總名稱。對某類事物形成概念，才能類化至同類事物，也才能區別不同類之事物。要培養兒童概念化的能力，首先要能分析事物的各項屬性，進而觀察各事物間的相同和相異屬性，再將具有相同屬性之事物歸成一類，便於形成概念，而利類化。相同屬性中有些是各事物必須共同具備，有些則只是部分事物具備。例如：分數必須具備分子和分母，但是有些分數是分子大於分母，有些則是分母大於分子；有些帶有整數，有些不帶整數。

兒童對於所形成的概念可加以綜合、解釋，使成新的概念，也可將心中的概念以圖片、文字的方式描述或繪畫出來。

以下就是概念形成的例子：

㈠恍然大悟地用一個專有名詞來指稱一個現象或事物。

㈡小孩子辨識及學叫「媽媽」的過程。

㈢上生物課時能辨識何者屬動物，何者不屬動物。

㈣列出各種案子的屬性後，再予以歸類。

㈤給學生幾個如「長、高、寬、厚」的字，讓學生用字所代表的意思寫該字。

例如： 長 高 寬 厚

㈥給學生一張圖片（或一段形容事、物的段落，或錄音帶），讓學

生講出最能形容或代表該圖片或段落的文字或形容詞，從那些文字中，學生要選出一個最能在他們腦海裡刻下生動影像的文字。然後再讓學生依此新影像畫一張新圖畫。

　　活動可以重複做，以便引出更多新的形容詞句或形容詞。

㈦讓學生想像自己是一隻正飛過學校上空的大鳥，然後要學生把他們（大鳥）所看到的學校樣子盡可能詳細的畫出來。

　　有些學生對「從上往下看」的思想概念可能有問題，老師可以用積木及其他物品來幫助學生看到建築物、樹，其他東西從上面看下去是什麼樣子。

㈧學生圍坐成圓圈，老師告訴學生，現在有一外太空來的訪客，到處問地球的人一些令他不懂的事物。今天早上，他的問題是「什麼是『漂亮』？」（問題可以換，一直可以練習下去），然後老師拿出八到十張構成「漂亮」的要素，如眼、唇、手指、腳、手等，與學生討論，討論過後，每一位學生都有自己對漂亮的定義可以告訴那位外太空訪客。

　　此活動可以作為一個「學習中心」，讓學生自行練習。

　　每一位學生對主題的討論都可以有獨特的看法，其他如「內在美或健美」等問題也可提出討論，老師應該讓討論一直進行，直至學生各有結論為止。

㈨以下是概念教學的例子。其步驟有五：

1. 分析該概念的必備特性及非相關特性。

2. 依據必備特性找出非屬本概念的範例。

3. 根據非相關特性找出屬於本概念之範例。

4. 以屬於本概念之範例，試驗學生是否能類化。

5. 非屬於本概念之範例，試驗學生是否能區別。

茲以「成對」為例，進行概念分析如下：

概念	特性	必備	相關
成對	⑴只包括二件	∨	
	⑵有相輔相成之功能	∨	
	⑶屬同類	∨	
	⑷也許是		
	A　二件完全相同		∨
	B　二件完全相反（鏡影）		∨
	C　作用上成對但異於原功能者		∨
	⑸來源		
	A　布		∨
	B　其他物品		∨
	C　獸		∨
	⑹也許		
	A　連在一起		∨
	B　不相連		∨

甲、以屬本概念之範例教學：

　(甲)手套（合於非相關特性之⑷B、⑸A、⑹B）

　(乙)眼睛（合於非相關特性之⑷B、⑸B、⑹A）

　(丙)撲克牌的同點同色（合於⑷C、⑸B、⑹B）

　(丁)襪子（合於非相關特性之⑷A、⑸A、⑹B）

乙、以非屬於本概念之範例教學：

　(甲)三枚同點同色撲克牌（非成對，因無必備特性⑴）

　(乙)刀與叉（非成對，因缺必備特性⑵與⑶）

　(丙)二隻右手套（缺必備特性⑵）

　(丁)籃球和橄欖球（缺⑶）

丙、以屬於本概念之範例試之：

　(甲)褲子（⑷C、⑸A、⑹B）

　(乙)二馬拖車（⑷C、⑸C、⑹B）

(丙)溜冰鞋（(4) A、(5) B、(6) B）

丁、以非屬本概念之範例試之：

(甲)三塊積木（缺必備特性(1)）

(乙)二隻左腳（缺必備特性(2)）

(丙)桌布和茶杯（缺必備特性(3)）

㈩試仿照上例的方式來澄清下列概念：

1.母親

2.水果

3.車

4.大於

5.光合作用

㈢試分析平行葉脈、網狀葉脈、羽狀葉脈的屬性，並就下列葉子的
屬性，加以歸類。

概念：葉脈的認識「平行葉脈、網狀葉脈、羽狀葉脈」

<u>教師提示</u>

	學生答案	正確答案
(1)	是<u>羽狀葉脈</u>	<u>　∨　</u>
(2)	是<u>羽狀葉脈</u>	<u>　×　</u>
(3)	是<u>羽狀葉脈</u>	<u>　∨　</u>
(4)	是<u>平行葉脈</u>	<u>　∨　</u>
(5)	是<u>網狀葉脈</u>	<u>　∨　</u>

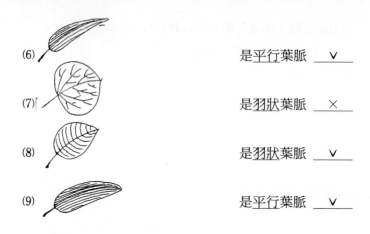

(6)　　　　　　　　　　　　是平行葉脈　　∨

(7)　　　　　　　　　　　　是羽狀葉脈　　✕

(8)　　　　　　　　　　　　是羽狀葉脈　　∨

(9)　　　　　　　　　　　　是平行葉脈　　∨

㈡分析學生的概念，可以分成下列四種情形：

1. 概念類化過度（Overgeneralization，簡稱 O）：學生對於概念的類化如果具有這種情況，他會把不屬於該概念的事物也包含在該概念中。例如：兒童學了「正方形」的概念後，他把「長方形」也認為是正方形。此時，兒童對正方形的概念有類化過度的現象。宜教以似是而非之範例，並試之。

2. 概念化不足（Undergeneralization，簡稱U）：反之，學生如果把屬於某概念的事物認為不屬於該概念，則有類化不足現象。例如：學生學了平行四邊形的概念後，認為長方形不是平行四邊形。宜教以似非而是之範例，並試之。

3. 概念錯誤（Misconcept，簡稱 M）：學生如果有概念類化過度，又有概念類化不足現象，則稱之為概念錯誤。

4. 概念正確（Correct concept，簡稱C）：學生對於某一概念無上述各種情形。

茲分析上述題目（葉脈的認識）之概念如下：

概念＼題號	(1)	(2)	(3)	(4)	(5)	(6)	(7)	(8)	(9)	綜合	說　　　明	教　　　學
平行葉脈			C		C			C	C		各題均正確	
網狀葉脈		U			C		U			U	有類化不足現象	教以範例並試之
羽狀葉脈	C	O	C				C	C		O	有過度類化現象	教以範例並試之

十三、符號化的能力

　　符號化是抽象思考的重要過程，思考的運作有賴符號化的心智活動。符號化的能力包括以各種符號來代表實物、關係、系統、模式或過程等，也以符號來表示原理原則、互動作用等，甚至可將現有的二種符號予以結合而成另一種符號。茲舉實例說明於後：

㈠學生聚集坐在地板上，挑選四位學生扮演打擊手、投手、捕手及教練。由該四個學生設計出一套信號（好球、壞球、盜壘、短打），其他學生試著了解這套信號，最後，每位學生設計一套信號。

㈡在不同的場合，讓學生利用腦力激盪法想出各種日常可用的動作信號，再編成一本動作字典。

㈢給學生各種不同的圖片或單字卡，兒童將圖片或單字卡兩兩湊對創出新字，然後寫下所有的混合字或各種混合形。學生能形成新文字後，並對不熟悉的字或詞提出疑問。

　　例如：dragon ＋ fly ＝ dragonfly

　　　　　飯＋桶＝飯桶

㈣學生要聆聽老師所放的音樂錄音帶，內包括四種不同的音樂種類（古典、爵士、民謠、搖滾），將大張圖畫紙上平分四格，讓每

一位學生在其上分別畫出最能反映出每一種音樂的設計圖畫，每放一種音樂就畫一格。

老師與學生應該討論音樂的氣氛，及其所代表的情感（例如，什麼樣的音樂最適合在運動場所聽，或在思考或晚餐時聽？）

此活動也可改為，給學生四張圖片，然後放四種音樂，再讓學生將音樂與圖片配起來。

㈤活動內容

老師挑出四位學生來表演一場棒球賽，分別擔任投手、捕手、打擊手、本壘教練，捕手與投手間及打擊手與教練間要設計出一套暗號（如安打、短打、好球、曲球等），然後互相打暗號，其他的學生則看表演，並解釋他們的動作。

㈥讓全班學生設計出一系列的非口語棒球暗號，同時，老師也可以介紹或與學生共同設計教室內的暗號，如「太吵了！」。

㈦將數學的文字題，轉換成為符號，再加以運算。

㈧作家譜寫歌曲。

㈨畫出石頭拋出至墜落過程的曲線。

㈩用身體語言表達一個意念。

㈠把物理現象用數理公式表示之。

㈡記賬，登記每日開支。

㈢設計交通標誌。

㈣為自己的書房取一個名字，以代表自己的人生觀。

㈤指揮樂隊演奏一首歌曲。

㈥請列出主席在會議中可能使用的十種身體語言，及其所表達的涵意。

例如：(1)點頭表示贊許。

　　　(2)撇嘴表示不屑。

還有哪些，想一想？

_____

_____

㈦下面是四個小朋友的身高，請用長條圖表示之。

小明	小英	大同	大華
154	160	147	139

㈧假設你是一個不會游泳的啞巴，現在有人落水了，你如何向對岸的人發出求救的訊號？

㈨如果你是一位漫畫家，除了人物以外，你如何傳神地表達下列主題：

(1)秋天　(2)貪婪　(3)幸福　(4)榮譽

十四、運作心像的能力

　　所謂心像（mental image，簡稱 image），是指不憑感官只憑記憶而使經驗過的事物在想像中重現的一種現象。心像的運作有助於抽象的思考作用。資優兒童教育應強調培養運作心像以增進抽象思考的能力。訓練內容包括以圖畫代表觀念，倒轉形象以發現新觀念，以視覺操作重新安排事物、背景和形狀互換，以及運作手勢代表理念等，茲舉實例說明如下：

㈠由一個學生扮演一個不笑的兒童，其他學生則想一些好笑的事誘惑這小孩笑。在作任何嘗試前，一定要想二分鐘，寫下自己的笑話，告訴老師後，學生便可以上前在該小孩耳邊低聲說出自己的

笑話。活動完後,討論「什麼因素使事情好笑?」

㈡學生會試驗以代表性符號來表達思想,讓第一位學生拿一份沒有
標題的卡通,要他填上標題。然後,把剪好的一個個漫畫人物給
班上學生,要他們自己安排人物並註上標題。最後,讓學生描或
畫漫畫人物,畫在 4×6 的索引卡或筆記卡上,作成一篇卡通。學
生也可以用這種新獲得的意象運作技巧設計卡片。

　　學生在畫圖、思考及創造物品上各有不同的能力,在指派學
生作某個步驟後,老師可以讓學生組隊創造。在評量時,應考慮
新穎獨特性及與其他事物之間的相關的能力。

　　老師應將此活動視為逐漸增加學生能力的活動。老師可以在
課堂上討論「幽默」的觀念,或讓學生在家裡研究卡通,找出幽
默的主題。

㈢此活動讓學生創造一幅群體圖。活動一開始,由一位學生在地上
用他那條毛線弄一個形出來,下一位學生必須繼續上一位學生的
作品,再加上去。每當一位學生加上自己的毛線後都會出現一幅
圖。

　　老師可以先放幾個圖形讓學生跟進,如:

㈣在此活動,老師要介紹視覺運作技巧,老師將圖片給學生看,先
是右邊向上,然後將圖轉 180 度(上下顛倒),再問學生如果像
一隻蒼蠅一樣走在天花板上會是什麼樣子?學生可以躺在地上來
驗證他們的想法。如果要行走而不落下,必須要做哪些改變?

　　除了這張圖外,尚可以用其他圖片練習視覺運作技巧,可以
經常使用以溫習此技巧。

　　有些學生也許看不出形狀與背景之區別,所以最好兩個人一
組。

以往視為學習障礙的「顛倒」現象，有時也可變成一種具有創造性的技巧，這種練習新「看法」的技巧不會產生學習障礙。

㈤參加過一個熱鬧的同學會之後，回家躺在床上仍能在意識中想像到參加者的衣著、容貌及笑聲等。

㈥小說家在刻劃人物的造型。

㈦畫家在構想圖畫內容。

㈧當你在回答：「早餐吃了什麼東西？」此一問題時，腦中浮現桌上食物的色、香、味等。

㈨躺在草地上，臥遊大陸的河山美景。

㈩冥思月球上的景觀。

㈠建築師設計房屋時，以抽象符號和透視，進行設計。

㈡發明家在發明一種現今世上尚未存在的東西。

十五、建立模式的能力

將想像中的抽象概念以具體繪圖或模式的方式表現出來，便於設計、製造和說明。其次，建立模式的能力尚包括將事物間的關係加以公式化，或轉換成方程式，便於類化。要建立模式往往需了解模式中的重要成分、關係、設計要點，及用途等。因此，前面所述各種能力，對於模式的建立都深具意義。

易言之，建立模式的能力就是將具體事物概念化或符號化，或將符號概念具體化。茲舉實例說明於後：

㈠一九八〇年代預測在世界很多國家都會有能源危機，因此我們必須要另行設法來替換現有的燃油引擎。在此活動裡，學生要設計一些不需燃汽油的交通工具。

㈡學生共同討論了最舒適的房子，請設計出該模型。

十六、邏輯推理能力

㈠所有邏輯推理的問題都以事實爲基礎。請試著解決下面一些推理
的問題：

1.在某個銀行裡，會計師、經理與出納員的姓名是小李、小王與小
吳，但職位與姓名的順序不一定一致。

——這出納員，還是個小孩，賺錢最少。

——小吳，娶了小李的妹妹，賺錢比經理多。

——這三個人是什麼職位？

我們可以參考下面的推理方式來解決上述問題：

每個推理問題都有三個部分：介紹、事實與問題。

△介紹：「在某個銀行裡……」

△事實：⑴這出納員還是個孩子，賺錢最少。

　　　　⑵小吳娶了小李的妹妹，賺錢多過經理。

△問題：每個人各是什麼職位？

　　現在試著自己寫一邏輯推理問題。盡量簡單，但記住要包括
全部的三個部分。你能否很容易解出你自己出的問題？你是否有
足夠的事實？你的問題是否用字很清晰？

　　許多精於邏輯推理的人都用圖表來解決邏輯問題。現在，我
們知道了三個人名、三個職位，這個問題的圖表可以這樣畫：

	會計師	經 理	出納員
小 李			
小 吳			
小 王			

　　我們用「×」來表示不可能的情況。這出納員僅是個兒童，

故不可能是小李（因小李有個妹妹嫁給小吳）。在小李是出納員的格子裡打「×」。（如下面圖表）

	會計師	經　理	出納員
小　李			×
小　吳			
小　王			

我們由事實知道出納員賺錢最少；而小吳賺錢比經理多。如你想到這一點，你將會下結論：小吳必定賺錢最多（出納員賺最少；經理賺的居中，所以小吳最多）。小吳必定是會計師，因他不能賺錢最少，又不能是經理。我們用「○」來表示一個人必定是什麼職位。如小吳是會計師，他就不可能是經理或出納員，故我們在這兩個位置都打「×」。同樣的，如小吳是會計師，則小王和小李都不可能是會計師，故我們也在這兩個位置打「×」。（請參閱下面圖表）

	會計師	經　理	出納員
小　李	×		×
小　吳	○	×	×
小　王	×		

我們的圖表現在是這個樣子：

	會計師	經　理	出納員
小　李	×		×
小　吳	○	×	×
小　王	×		

現在我們看出小李僅有一個位置可填，就是經理，且如小李是經理，那麼小王就不可能是經理，現在這圖表就變成了這樣：

	會計師	經 理	出納員
小 李	✕	○	✕
小 吳	○	✕	✕
小 王	✕	✕	

現在我們知道小王只有一個可能，就是出納員了：

	會計師	經 理	出納員
小 李	✕	○	✕
小 吳	○	✕	✕
小 王	✕	✕	○

這邏輯推理問題的答案是：

——小李是經理。

——小吳是會計師。

——小王是出納員。

　　這答案是合乎邏輯的。因為它不與原來的題目所給的事實資料相衝突。

2.請嘗試用圖表來解下面這個推理問題：

　　△介紹：張三、李四和王五賴以維生的工作是木匠、漆工與修管
　　　　　工人（名字與職業次序並不一定一致）。

　　△事實：(1)漆工最近想請木匠為他做點工，但人家說，木匠出去
　　　　　　　為修管工人修改東西去了。

　　　　　　(2)修管工人賺錢比漆匠多。

　　　　　　(3)李四賺錢比張三多。

　　　　　　(4)王五從未聽過李四。

　　△問題：每個人的職業分別是什麼？

你的圖表應是這樣的：

	木　匠	漆　工	修管工
張　三			
李　四			
王　五			

我們從事實情形知道，漆工認識木匠而木匠也認識修管工。我們可推論漆工不認識修管工，因王五從未聽過李四（依據事實），故王五與李四必定有一個是漆工，一個是修管工。故必定也只有張三一人可能是木匠。

	木　匠	漆　工	修管工
張　三	○	×	×
李　四	×		
王　五	×		

修管工賺錢比漆工多，而李四賺錢比張三多（由事實(2)與(3)得知）。故李四必定是修管工，而王五只能是漆工了。

	木　匠	漆　工	修管工
張　三	○	×	×
李　四	×	×	○
王　五	×	○	×

你能理解這問題嗎？你的答案合邏輯嗎？你的答案與事實一致而不衝突嗎？

3.下面有另一個問題要你試著去解決。這一次你要靠自己了。看看也許一個圖表可以幫助你解決它。

△介紹：小翠、小佛和小特一起出去吃飯，有的點火腿，有的點

豬肉。

△事實：⑴如小翠點火腿，小佛就點豬肉。

　　　　⑵或是小翠，或是小特會點火腿，但不是二人都點。

　　　　⑶小佛與小特都不點豬肉。

△問題：誰可能昨天點火腿，今天點豬肉？

△提示：決定出哪個人點吃的肉餐一直是不變的。

4. 下面又是另一個推理的問題。這個比較難，但藉由你正在學習推理的技巧，你將可以藉由一些思考與工作解決它。

△介紹：兩個女人（李麗思與王柔）和兩個男人（吳理思和張衛）都是運動員。一個是游泳選手，一個是溜冰選手，一個是體操選手，一個是網球選手。有一天，他們四人圍坐在一方桌旁。

△事實：⑴游泳家坐在李麗思左邊。

　　　　⑵體操家坐在吳理思對面。

　　　　⑶王柔和張衛彼此相鄰坐。

　　　　⑷一個女的坐在溜冰選手左邊。

△問題：網球選手是誰？

△提示：先用四個人的名字排列，想想可能有的幾種坐法。然後在不抵觸事實敘述下，試著決定這些人名的運動項目。

　　　你的答案合邏輯嗎？答案與事實有無衝突？檢查你自己所做的工作。

5. 下列也是推理的問題，並非所有的邏輯問題都可用圖表解出答案，有一些全然是用腦思索出來的，且要有堅持到底的毅力才解

得出。

(1)四條黑乳牛與三條褐乳牛五天供應的牛奶量與三隻黑乳牛與五隻褐乳牛四天供應的牛奶量相同。

請問：黑牛與褐牛哪一種牛產乳量較多？

如你能解這問題，你或許會想試著解另一個問題。畫表幫過你嗎？你還有其他什麼辦法來解決邏輯推理的問題？

(2)如果若干年後湯姆年齡將是何華的二倍，而那時，傑克年齡會與湯姆現在年齡一樣大。

請問：誰年齡最大，誰第二，誰最小？

(3)愛爾、迪克、傑克、湯姆在計算一天釣魚的收穫量：

——湯姆已捕到的魚比傑克多。

——在他們之間，愛爾和迪克所捕到的和，與傑克加上湯姆的一樣多。

——而愛爾加上湯姆的，不及迪克加上傑克的多。

問：誰捕到最多，誰其次，誰第三？誰最少？

(4)有一戶口調查員報告，調查一個僅含年輕夫婦與他們孩子的社區，陳述如下：

——當地父母的人數超過孩子的人數。

——每個男孩都有一個姊妹。

——男孩數超過女孩。

——沒有無孩子的夫妻。

問：為何這戶口調查員的報告被認為錯誤了？

㈡**某些邏輯推理的問題只是一些事實的陳述，這些陳述即是「前提」。當這些前提確立後即可達成一個「結論」。而結論是否合於邏輯係根據某些一定的準則來決定。**

1. 請拿一本字典找出「前提」、「結論」和「非邏輯的」這些名詞的定義。

2. 下面是個邏輯問題的例子，供你研究。

   前提：每個哺乳動物都有一顆心臟。

   　　　所有的馬都是哺乳類。

   結論：每匹馬都有一顆心臟。

   　　　我們要有一個基本的觀念，即二或三個相關的事實前提都是真的，從這些事實中，我們試著去找到一個也是真的結論。在上面的那個問題，我們是成功了，因所得的結論是真的，且是合邏輯的。

3. 在邏輯推理中，前提可能是真，也可能是偽的。有時，雖然前提是真，結論也可能不是真的。即，這不是合乎邏輯的，研究一下這個例子：前提：所有的哺乳動物都是必死的。

   　　　　　　　所有的爬蟲類都是必死的。

   　　　結論：所有的哺乳類都是爬蟲類。

   我們可看到這結論是不合理的且是假的，雖然前提是真的。

4. 寫一些邏輯推理的敘述，與你的同學們一起分享，你的答案是合邏輯或不合邏輯？

   　　　請依下列的描述，每題擬出兩個問題。

   (1)真的前提與真的結論。

   (2)假的前提與真的結論。

   (3)真的前提與假的結論。

   (4)假的前提與假的結論。

   所有四種組合都是可能發生的。

5. 請判斷下列結論，哪些是真的？在邏輯推論問題中，「▲」的符

號表示這敘述是結論。

> 所有的哺乳類都是必死的。
> 所有的狗都是必死的。
> 「▲」所有的狗都是哺乳類。

> 在陪審團的每個人都是記名投票者。
> 約翰在陪審團。
> 「▲」約翰是一名記名投票者。

> 所有鑽石都是硬的。
> 有些鑽石是寶石。
> 「▲」有些寶石是硬的。

> 所有的貓都有翅膀。
> 所有的鳥都是貓。
> 「▲」所有的鳥都有翅膀。

> 所有的貓都有翅膀。
> 所有的狗都是貓。
> 「▲」所有的狗都有翅膀。

> 所有的 G 都是 H。
> 所有的 F 都是 G。
> 「▲」所有的 F 都是 H。

> 「說謊」是「缺乏真實性」。
> 「缺乏真實性」是「支吾搪塞」。
> 「▲」支吾搪塞是「說謊」。

6.你能否運用上述所學得的知識？想想看，然後拿張紙，試試回答
　下面的問題：

　⑴人能藉推理之邏輯「贏得」辯論嗎？

　⑵如他們能贏得辯論，是否意味他們所有的辯論都根據事實呢？

　⑶人們能用假的資料使其他人深信某事是真的嗎？

(4)當某人嘗試讓你深信某事時，你將如何知道什麼是真的，什麼
是假的。

(5)下次你想某人相信某事時，你能用什麼邏輯方法來幫忙你？

7.試著舉行一個班級辯論，並用說服的技巧。試著用你知道是假的
的事，藉著老師的贊同是真的，而來使班上同學深信此事為真。

㈢**邏輯的另一種形式即是序列**。「次序化」即指某事按一種邏輯的
秩序排列。在序列的問題中，你會看到一個模式中三到五個部
分，而最後一個是空白留著待填答的。你要依前面的部分，決定
此序列最後一個跟著的應是什麼。

第一例：1　2　3　4　__

第二例：A　B　C　D　__

我們知道答案是「5」及「E」，因它們是模式序列下一個部
分，是合乎邏輯的序列答案。

1.所有序列的問題均是一種邏輯的模式，為要找到答案，你必須解
出這模式。試著解出這些模式並找出答案。

例(1)：2　4　6　8　__

例(2)：A　D　G　J　__

例(3)：1　2　4　8　__

例(4)：2　6　10　14　__

例(5)：Z　Y　X　W　__

【說明與答案】

第一題：答案是（10）。模式說明：是偶數序列。

第二題：答案是（M）。模式說明：次隔兩個的英文字母。

第三題：答案是（16）。模式說明：每個數目乘以2。

$$1 \times 2 = 2 \times 2 = 4 \times 2 = 8$$

$$? \times 2 = 16。$$

第四題：答案是（18）。模式說明：次隔一個的偶數。

第五題：答案是（V）。模式說明：反順序的英文字母。

2.下列也是一些序列問題請你解答：

(1) 1　3　5　7　__

(2) L　N　P　R　__

(3) 24　34　44　54　__

(4) J　H　F　D　__

(5) 34　45　56　67　__

(6) AB　AC　AD　AE　__

(7) 3　9　27　81　__

(8) 80　40　20　10　__

3.如你能解答第2.題，請試著解答下列邏輯序列問題：

(1) 1/2　1/4　1/8　1/16　__

(2) .125　.25　.375　.5　__

(3) 6　4　2　0　－2　__

(4) .1　.1　.2　.3　.5　__

(5) 1　1－2　1－2－3　24　__

(6) ^{1}5　^{4}5　^{12}5　^{20}5

(7) ^{1}7　^{4}7　^{12}7　^{22}7

(8) 1/4　7/12　11/12　1－1/4　__

(9) 3/4　5/9　__

(10) 633　854　1075　__

(11) BMB　FKD　JIF　NGH　__

(四)並非所有推理的序列問題都是用數字或字母，亦有些是用符號或

圖畫。例如，我們可以要求學生重新安排邏輯推理的順序，以說明某個事件的發生情形。

1.下面就是一個例子。

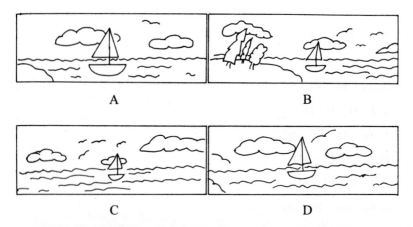

A   B

C   D

你認為應該怎麼排列其順序？你排出的順序合邏輯嗎？

2.有些問題是用符號的，如：

在序列的推理上，下一個符號應是：

3.請自製其他題目。

㈤複習一下你在推理、序列及綜合上的技巧，回答下列問題：

1.四個男人與女人遭遇海難困在一沙島上。每一個人都愛上其中的

一個人，而自己也被其他人中某一人所愛。

約翰愛上一個喜歡傑的女孩。一個女孩愛上一個喜歡海倫的男人，而亞瑟又愛上這個女孩。

一個女孩被布魯斯所愛，而她卻愛上另一個男人，這個男人又愛瑪琍。葛蘿莉亞恨布魯斯而她又被另一個男人討厭，這男人又被荷妹兒所愛。

問：誰愛亞瑟？

2.下面的結論是真或偽？

如凱撒當時有野心的話，他早就奪下皇冠了。

凱撒沒有拿皇冠。

▲凱撒沒有野心。

3.請完成下面序列：

$$\frac{6}{63} \quad \frac{7}{94} \quad \frac{?}{?} \quad \frac{9}{18}$$

$$\sim \quad \frown \quad \sqrt{} \quad ?$$

十七、批判性思考能力

㈠定義

批判性思考就是反省的和合理的思考，用以決定何者應當相信或何者應當去做。它包含批判思考傾向（dispositions）和批判思考能力（ability）兩大層面。所謂批判思考傾向，諸如胸襟開闊、通盤考慮、探求各種理由、訊息靈通、見聞廣博等均屬之。所謂批判思考能力包括四項：澄清能力（可粗略分為初級的澄清和高層的澄清）、推論能力、奠基能力（即為推論建立健全的基礎之能力）、問題解決能力（以有條不紊且有用的方法做決定的能力）。

　　如圖 3-1 所示，從事批判思考時，須先尋求一個基點（一些先前思考過程的訊息或結論）。由此一基點推論出結論（通常是有關某一信念或行動的決定，也可能是暫時不作決定的決定）。在此問題解決過程中，須強調澄清的能力和批評思考傾向，以掌握進行的過程。而通盤觀之，可知批判思考的歷程，是在和他人交互作用中發生的。

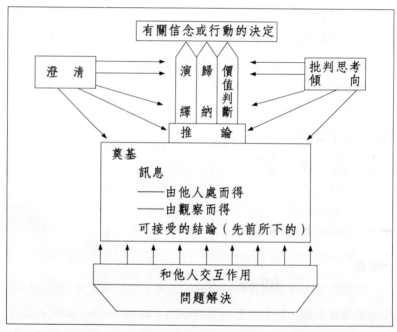

圖 3-1　決定何者應當相信或應當去做的過程

㈡批判思考的教學策略舉隅

　　茲舉兩個批判思考教學策略的實例，教師可參照批判思考的課程目標，自行設計合用的教學策略。

1.字詞的聯結

  (1)目的：

    本策略可以讓學生區別出相關聯與不相關聯的教材，並能書寫
    或陳述出一個原則，用以表達所謂「相關聯」的規準。

  (2)策略的描述：

    ①以學生的學習經驗作為研討主題（topic），以此主題為基
      礎，編擬五個成套字詞，其中四個和主題有關聯，一個無關
      聯（例如，主題是刻板化印象；五個成套字詞是國家主義、
      種族中心、寬容、偏見、非理性）。

    ②引導全班學生討論以辨識出哪四個字詞和主題有關聯，然後
      將沒有關聯的那個字詞劃線刪除（例如，國家主義、種族中
      心主義、寬容、偏見、非理性的），並陳述刪除的理由
      （如，寬容通常是和「開明」、「公平」連用，而非和「刻
      板印象」連用。）

    ③將剩餘的四個字詞組成一個句子，以顯示它們彼此間的關
      係，以及和主題之間的關聯（例如，刻板化印象是建基在非
      理性的、偏見的、種族中心的國家主義之上）。這種陳述或
      書寫成一個有關聯的句子的方法，可以讓學生確認到這四個
      字詞，可用來下定義、當作實例、揭示性質或解釋該主題。
      換言之，可以讓學生區別出相關的和不相關的教材。

    ④鼓勵學生說出正確而合邏輯的方法，將五個字詞組成一個和
      主題相關聯的句子。例如，寬容不是非理性、偏見，和種族
      中心的國家主義的特徵。

  (3)程序：

    教學步驟如下：

①學生應將主題當作關鍵字牢記於心，以便所選的字詞和主題發生關聯。教師可以利用全班口頭練習的機會，讓學生區別關聯字和非關聯字；也可將主題隱藏起來，以增加討論的難度，讓學生從四個關聯字中去發現「主題」為何（例如：政治地圖、自然地圖、人口地圖、地形地圖，此四字的課題是「地圖的類型」）。

②鑑定出五個字詞中哪一個是非關聯的，用線劃掉，並說明原因（例如：「地球的」不屬於地圖的類型）。

③想一想剩下四個字和主題及其彼此之間的關係，並說明為什麼有關聯。

④將四個關聯字組成一個句子，並統整成和主題相關聯的原則（例如：地圖有許多類型，包括政治地圖、自然地圖、人口地圖、地形地圖等）。

　　(a)檢查句子中的四個字是否彼此正確地產生關聯。

　　(b)檢查句子是否正確地解釋其與主題之間的關係。

(4)原則（相關聯的標準）：

一個字詞和一組字詞是否有關聯，在於該字詞：

①和其他的字詞有一共同的意義。

②和其他的字詞間有一共同的特定關係。

③該字詞適合當作一個定義、描述或範例。

④該字詞和主題之間的關係，同於其和其他字詞之間的關係。

(5)規則：

如何去區分關聯和非關聯的字詞的規則有：

①檢視該字詞是否能界定主題。

②檢視該字詞是否有描述主題的某個屬性或層面。

③檢視該字詞是否為主題的範例。

④檢視該字詞是否為主題的因或果。

⑤分析該字詞和其他與主題有關聯的字詞間的關係為何。

2.界定觀點

　(1)目的：

　　本教學策略旨在發展相關的論證，以支持一個或更多的觀點。

　(2)策略的介紹：

　　在彙集資料以研究一個觀點紛紜的主題之後，（例如，在一七七六年時，背叛英國法令的美洲殖民地屬民是否應受制裁？）教師即可使用本策略。

　　①讓學生提出一些可能的觀點，諸如喬治三世、「自由之子」的成員、一七七六年在波士頓的英國紅衫軍、傾向英國的殖民地人民等人的觀點。

　　②選擇其中一個觀點（如喬治三世的觀點），作為班級討論的部分內容。條列一些可以界定、澄清、示例或對照該觀點的陳述句。例如，喬治三世相信下列陳述：

　　(a)英國花費許多經費來建立和保衛美洲殖民地。

　　(b)美洲殖民地屬民是英國的臣民，卻對王室不忠誠。

　　(c)殖民地存在對英國有利。

　　(d)英國須從殖民地上獲得經濟的利益，就如同主人須從奴僕身上獲利一般。

　　③讓學生評鑑每個理由的正確性，以及特定的措辭是否完備地反映出該觀點（學生將會發現，同樣的資料也可用來為相反的觀察作辯解。例如，只有在殖民地人民受到公正統治的條件下，才能斥責他們對英國不忠誠）。

④讓學童準備一些支持性的陳述句，以便為該立場做最有說服力的辯護。

⑤讓學童選擇一個相反的觀點，並在十至十五分鐘內，讓學童個別發展合理的論證，以支持之。因此，可讓選擇相同觀點的學童，有機會聽一些站在不同基礎上所發展出來的辯護意見。

⑥鼓勵學童擴大參與：讓他們提出不同觀點並和相反觀點的人作辯論，或讓他們為兩個不同觀點各寫一段精要的辯護，或針對相反的觀點寫一篇評論。

(3)程序：

學生的行為目標在於能夠針對單一事件，表達許多觀點並作辯護。以下是執行本策略的步驟，執行時不一定要按照下面的順序。

①形成正確的議題，以便架構出爭議性的問題，例如，「應該」的問題（如一七七六年時，美洲殖民地的屬民應該起來反抗英國嗎？）。

②列出許多不同的觀點，並討論彼此的因素。

③選一個特殊的觀點，然後，

　(a)盡可能地發展許多論證去支持它。

　(b)列出並測試每一項論證，看看是否和該觀點有關聯。

　(c)準備一些支持的理由，以便建立並累積成完整而有說服力的辯護。

④將支持的理由轉變成書面或口語溝通，以為該觀點作辯護。

(4)標準：

提出的觀點和有關聯的支持性言論，應合乎下列標準：

①應該有和議題相關的意義。

②和特定的觀點有關係。

③支持特定的觀點。

④和其他支持該觀點的言論有關聯。

(5)原則：

在分析或形成相關聯的言論，以支持某個觀點時，所包含的指導原則如下：

①檢視言論和該觀點是否有關係。

②檢視言論是否界定或澄清該觀點。

③鑑定言論是否為說明該觀點的某些層面之範例。

④分析言論和其他支持該觀點的言論之關係。

十八、問題解決技能

在學習階層的安排中，問題解決技能的學習是屬於人類最高層級的學習活動（Gange, 1965）。然而多數的教學係以內容為主，問題解決技能的教學甚少受到重視。要培養資優兒童成為一位主動學習者，問題解決的技能至為重要。待解決之問題通常包括四類：(1)比較性問題：比較異同；(2)做決定的問題：在複雜的情境中選擇最適途徑；(3)相關性問題：發現事件之相關性；(4)因果性問題：以實驗法了解因果關係。問題解決的技能在從事研究計畫時最容易看得出來，如界定問題、收集資料、組織資料、解釋資料、做結論、報告結果等。其步驟如下：

1. 建立探究的重點：了解問題之所在，分析問題之要素，縮小興趣範圍，以決定探究之重點。

2. 建立探究的架構：發展解決問題的心理意象，了解問題中各要素

間的關係，收集並組織解決問題之資料，以建立解決問題之架構。

3. 決定資料來源：由何處獲得有關解決問題之資料。

4. 獲取資料。

5. 判斷資料之適用性：資料的充分性、正確性、相關性、可信性及完整性為何？有無衝突之資料？

6. 將資料納入探究架構中，以可解釋的方式記錄並存入資料，如以表列方式處理，則應知為何將資料填入適當表格中。

7. 做成摘要：包括計算平均數或百分比，便於解說。

8. 尋找資料間的關係：有無相關、有無趨向等。

9. 解釋資料。

10. 推論：將結果加以推論、類化或應用。

11. 報告：提出適當報告。

㈠比較性問題解決法

如欲教學生比較都市生活和鄉村生活有無不同，教學程序如下：

第一步：非比較性反應。

一個學生可能寫下他所能想到的有關情況。例如：他所能想到的居住鄉村有關的事（或透過班級討論有關鄉村生活方式並加以記錄）。

> 鄉村生活方式是：
> ～必須搭公車上學
> ～有許多農夫
> ～要去任何地方都要有部車子

另一位學生在此階段，亦可能就他所知的二種情況，寫出他所

知的事情，但其所提之資料只是隨意排列未配對的，無明顯的比較；如：（或透過討論有關都市生活方式並加以記錄）

鄉村生活	都市生活
～必須搭公車上學	～較高的稅
～有許多農夫	～房子密集
～要去任何地方都要有部車子	～許多工廠

對此非比較性反應，我們不可能說這學生已解出問題。

第二步：單類比較。僅就工作型態做比較。

	鄉村生活	都市生活
工作型態	耕　　種	工　　廠

(1)先討論鄉村生活方式並加記錄。

(2)再討論都市生活並記錄。

(3)請看圖表：

鄉村生活	都市生活
搭公車上學	工　　廠
耕　　種	房子密集

①圖表是否告訴我們鄉村孩子如何上學？（是）

②圖表是否告訴我們都市孩子如何上學？（否）

③如何把圖表做得更好？（加上我們漏列的都市如何上學的資料）。

鄉村生活	都市生活
搭公車上學	工　　廠
耕　　種	房子密集
	走路上學

遺漏的資料可繼續加入圖表。

④請將同性質者加以連線。

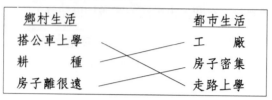

(4)調整位置使同性質者同時出現。

鄉村生活	都市生活
搭公車上學	走路上學

這些資料有何共同點？它們都與什麼有關？

學生答：它們都是說明如何上學的（正確）。

　　　　或交通（更好）。

(5)我們可把同性質者標上類名，我們稱「比較的分類」。

標上類名	鄉村生活	都市生活
交　　通	搭公車上學	走路上學

(6)各類標上類名。

類　　別	都　　市	鄉　　村
交　　通	走路上學	搭公車上學
人　　口	房子密集	房子距離遠
職　　業	工　　廠	農　　場
購　　物	很　　近	須到城裡
聲　　音	吵　　雜	安　　靜

第三步：多類亂序比較。透過腦力激盪法，想出各種可以比較的類
　　　　別。

類　　別	鄉村生活	都市生活
工　　作	耕種	工廠
上　　學	必須搭公車	走路或腳踏車
交　　通	由父母載	可搭公車、騎車或走路。
房　　屋	房屋分得很開	房屋很密集
學　　校	須就學	須就學

第四步：摘要；比較異同。

類別	鄉村生活	都市生活	摘要
學校	必須到學校	必須到學校	同
工作	耕種	工廠	不同
房屋	距離很遠	密集在一起	不同
郵遞	每天	每天	同

第五步：分組；就異同加以分組。

	類別	鄉村生活	都市生活
同	C_1 C_2 C_3		
異	C_4 C_5 C_6		

第六步：歸類比較，就各類再予歸類，如交通、職業等。

類別		同	異
交通	SC_1 SC_2		
職業	SC_3 SC_4 SC_5		
住屋	SC_6 SC_7 SC_8		

(二)「做決定」問題解決法

範例：購車（一個家庭要購車，他們應買何種樣式的車？）

1.

小型車
省　油

即是

選　擇
理　由

學生可能說出一種車的名稱，並為這個選擇給一個理由來說明。

【此為第一步：有一個理由的單一選擇】

但車子還有其他的樣式，這個家庭應否考慮到？

如這家庭中成員不是意見都一致，怎麼辦？

學生答：可用表決。

如表決分不出勝負呢？

學生答：他們可以比較這些車子的樣式來決定哪一種最好！

老師與學生們一起記下大家所提選的車型，及其理由，如此擴充了原來的圖表（亦即是把好幾個第一步中單一選擇圖表集中在一起）。

小型車	中型車	大型車
——省油 ——便宜 ——易保養	——價格適中 ——尚省油 ——可坐五人	——容納六人 ——很舒適 ——安全 ——可拉拖車

現在他們如何下決定呢？

學生答：選理由最佳者。

【這是繪表的第二步，做選擇時，具備的優點雖是選擇的基本標準，但這並不一定完全如此。且決定的過程亦不夠客觀，因為這些選擇只具比較性質的】

2.擴大圖表，加入各型車之缺點。

如學生指出各型車缺點有困難，老師可要求某型車的支持者，就他所提出選擇該車的優點上，去想想其他型車有無這些優點。現在應選擇何種型車呢？

學生答：可選擇優點最多而缺點最少的。

【這是架構圖表的第三步，有了缺點之列舉，可提供更為廣泛之比較。】

	小型車	中型車	大型車
優	——省油 ——便宜 ——易保養	——適當價位 ——尚省油 ——可坐五人	——容納六人 ——很舒適 ——安全 ——可拉拖車
缺	——不舒適 ——僅容納四人 ——較小的行李箱	——較小的行李箱 ——動力較小	——太貴 ——保養太貴 ——耗油 ——停車不便

3.上列圖表仍可再修正。先將同性質者圈出、連線，並把此同性質

可比較之優缺點設立標準，即為其命名。例如「便宜」、「中等價位」、「太貴」命名為「售價」或「最初之價錢」或其他適用之名稱。

除售價外，尚可就「舒適」、「省油情況」、「行李箱大小」等方面著手，找出各型車共同性質之優缺點。並給這些標準一個適當之名稱。並再做一個新圖表，例如由「售價」開始：

	小型車	中型車	大型車
售價	便宜	中等價位	很　貴

如我們用「＋」及「－」來代表優缺點，可更有效地顯示優缺資料。例如：售價上，小型車是優點「＋」，中型車是優點「＋」，大型車是缺點「－」。圖表修改為：

	小型車	中型車	大型車
售價	＋	＋	－

請學生完成此表，找出有共同性質者，加在圖表最左邊為指標。並將所有優缺點資料以「＋」、「－」符號填入表內。學生可能發覺原來的圖表，在某個共同特質中，可能只涵蓋三種車型中之二種資料，而缺第三種車之資料。應加入所缺的資料，才能做一公平的比較。

	小型車	中型車	大型車
售　　價	＋	＋	－
舒　　適	－	－	＋
省　　油	＋	＋	－
行李箱大小	－	＋	＋
安　　全	－	＋	＋

如何知道選擇哪一種？把每型車的「＋」或「－」總數加起來。

【這是架構第四步。有明確的標準，來評估每一種選擇情況。如學生不滿意上表所選出的車型結果，可進一步考慮到更多重要的指標，如車子的外貌威望、朋友的意見或鄰居意見等等。】

㈢創造性問題解決法

將創造力應用於問題解決的歷程，係由潘恩斯（Parnes）所倡導。它和一般解決問題方法的不同之處即強調問題解決者在選擇或進行解決方法之前，要盡可能地想出各種多樣性的變通辦法，在其過程中的任何步驟，解決問題者在思考或想出變通辦法時要延緩判斷，以免可能還有更佳的構想會被抹殺，因而要在更恰當的時機才下判斷。

由於潘恩斯相信創造性的行為可以學習，因此他明確地相信教育工作者能夠而且應該教人以創造性的行為。根據潘恩斯的想法，當他將一系列有順序的解決問題的過程教給學校中的學生或參與研習的成人時，他們即能發展出一套可以應用於各種實際問題的技巧，例如改進自己和他人之間的關係、為活動或節目（programs）做決策、處理資源，以及有計畫地擬訂個人或事業（career）的目標等。他相信：藉著參與這個過程，創造性的領導者能夠學會成功地使用創造性解決問題的技巧（CPS）於小學兒童以迄成人等不同年段的團體。簡而言之，潘恩斯覺得：創造性解決問題的技巧易於學習、易於教導，而且高度地可轉移應用。因此，潘氏建議：教育工作者必須及早和（或）經常地使用創造性解決問題的方法教導資優生；因為資優生更大潛能的開發將因之而獲益。根據這個推論，資優生也有較一般人更大量的資訊必須加以組織、巧妙地處理和評

鑑，這使得他們更時常需要運用這個過程。

潘氏創造性問題解決的過程表列如表 3-4，並圖解如圖 3-2。

表 3-4　潘恩斯創造性解決問題過程之步驟

步　　驟	活　　動
1.發現事實 （Fact-finding）	(1)從「雜亂無章」中分析出什麼是已知的。 (2)收集關於問題的資料。 (3)像照相機照相般地，仔細而客觀地觀察。 (4)探究情境中的事實。
2.發現問題 （Problem- 　finding）	(1)從若干觀點看可能的問題。 (2)思索可能的問題。 (3)把範圍縮小到主要的問題。 (4)重新以可解決的形式陳述問題。 (5)使用「我可能用什麼方式」（IWWMI）這樣的措辭鼓勵思考和推敲。 (6)當重新陳述問題時改變動詞。 (7)用小規模的試驗嘗試擬訂的計畫是否可行。 (8)擬可能附帶做的計畫，以防第一個計畫行不通。
3.尋求主意 （Idea-finding）	(1)產生許多主意和可能的解決方法。 (2)產生許多主意以便解決問題。 (3)用腦力激盪法想出許多主意或數種可能選擇的解決方法。 (4)盡可能地列出許多主意。
4.尋求解決方法 （Solution- 　finding）	(1)在數種可能的解決方法中選擇最具有解決問題潛力者。 (2)發展評鑑「數種可能的解決方法」的準則。 (3)客觀地應用這準則到每一個可能選擇的解決方法上。 (4)根據適合於問題需要的準則評鑑可能選擇的解決方法。 (5)列出可用於聚斂性或擴散性過程的準則。

5.尋求接受 （Acceptance- 　finding）	(1)發展行動計畫。 (2)考慮一定會接受這計畫的所有聽眾。 (3)針對前面所提供的解決問題的方法，徵求所 　有聽眾的意見。

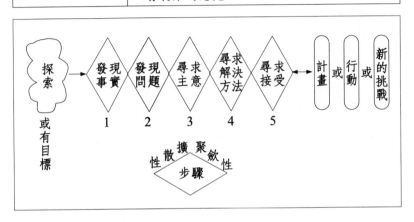

圖 3-2　創造性解決問題步驟之圖解

茲舉下列教學實例供參考：（曹中嫦提供）

題目：如何減肥？

1.發現事實

　　已知：

　　(1)體重超過標準體重。

　　(2)要在家中實施。

　　(3)缺乏恆心及耐心。

　　(4)必須在一個月內達到標準體重。

　　欲知：

　　(1)有誰曾經減肥？能告訴我注意事項。

　　(2)在哪裡可找到減肥的各類資料？

　　資料來源：

(1)親朋好友。

(2)報章雜誌。

(3)醫生。

2.發現問題

(1)我可以用什麼方法減肥？

(2)哪一種方法最經濟、方便，可自己在家做？

(3)如何收集這些資料？

(4)我的目標體重是多少？

問題重點：可用什麼方法減肥？

3.尋求主意

(1)每天跑五千公尺。

(2)減肥食譜。

(3)減少睡眠時間。

(4)到減肥中心。

(5)動手術。

4.尋求解決辦法

	經濟性 3	2	1	時間性 3	2	1	可行性 3	2	1	在家可行性 3	2	1	安全性 3	2	1	總分
1.跑步	✓				✓				✓		✓			✓		8
2.減肥食譜	✓				✓		✓			✓				✓		14
3.減少睡眠時間	✓				✓				✓	✓				✓		13
4.到減肥中心		✓				✓	✓			✓				✓		6
5.動手術		✓				✓	✓			✓					✓	5

5.尋求接受

(1)尋求親友意見。

(2)找尋減肥食譜並請教醫生。

十九、腦力激盪法

　　許多學生在團體討論都不敢發表意見，主要是擔心他人的想法，怕被認為想法幼稚。腦力激盪法可以消除這種顧慮，其要點如下：

㈠對任何人的意見不做批評。

㈡盡量自由發表意見。

㈢意見愈多愈好，團體的意見愈多，愈有可能得到好的解決方案。

㈣試著融合各種意見：包括自己意見的融合，自己意見和他人意見的融合等。

㈤勇於搭便車：別人的意見會引起你的新想法，不怕立刻說出來。

廿、創造思考技能

㈠延緩批判

　　教導在審視物品的價值或用途時，延遲判斷，以利產生更多新的觀念，此技巧可以訓練學生在所有事物中看出其深義。例如：要學生每人帶三件他們認為無用或沒價值的東西。學生把帶來的東西全部擺在地上，在學生圍著這些東西坐成一個圓圈，老師與學生一件一件地審查每一件東西可以有什麼用途，應該鼓勵學生把幾樣東西合起來成為有用的東西，看看最多可以有幾樣東西合起來而成為有用的物品（廢物利用所造成的「發明」？）。然後，再看看是否有些東西誰也想不出有用或有價值？如果有，那麼是否有什麼原則來決定這件東西真是廢物。

㈡故意扭曲

　　有目的的將某些資料加以扭曲以產生新的概念：

　　此活動可以練習故意扭曲一般事物的技巧。學生將一張圖畫紙擺在鏡畫用具上，先讓學生在紙上描一些已知的事物（英文字母是很好的例子），再要他們描出這些事物在鏡裡的樣子，然後換另一組物品，只要學生畫出其在鏡中的樣子。活動結束後，每一位學生要說出自己對物品映像的原則？【如，哪一種物品的映像（或倒影）與原物相同？】

　　活動結束後，老師可以要學生說出一些倒影與原物相同的物品，及倒影會與原物方向相反的物品。

㈢有根據的幻想

　　根據事實、實物、資料或已有之理念做各種不同的幻想，以訓練想像力。此種幻想通常具有目的性。

　　例如：給學生一張紙，上面畫有一個阿拉伯數字，告訴學生去創作一幅畫，以該數字作為畫中的一部分。

　　如：

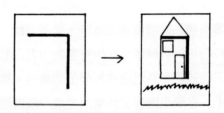

㈣流暢力

　　流暢力即是能想出多項可能性或答案的能力，也就是指反映觀念的多少。

1.當在下列情況下，你會有流暢性的表現：

　⑴你列出一張希望獲得的生日禮物時。

　⑵你替新寵物取幾個適合的名字時。

　⑶你找出許多形容你弟弟的字眼時。

⑷你很訝異竟能為自己找出各種無法交作業的理由時。

2.請列出其他你曾試用過的方法可以激發出大量點子的表來。

3.就你記憶所及,將上週經歷的事寫下來,愈多愈好。

星期日	星期一	星期二	星期三	星期四	星期五	星期六

4.想出一個你只需要用一個方法就能解決的困難。那或許是一個破損的東西,你無法再拼湊完全,或是一個不聽你解釋的朋友。

請畫出一系列的卡通,內容是假設你遭遇一個難題,你試著用很多不同的解決辦法,結果如何?

5.嘗試幾個數學流暢性的練習,在三分鐘內,請你列出答案為 12 的算式,愈多愈好。

6.為使題目更具挑戰性,試以不同的方式用三個以上的數字組成答案為 12 的算式。

7.今天是 13 號星期五,請列出你所想到的所有迷信。

8.你能不能也試試看想出一些屬於你自己的迷信?

㈤變通力

　　變通的思考意味著你能發現方法來改變觀念、事物與習慣。在思考的方向上,你有能力變更速度,改道而行。

1. 下面的一些事例，代表具有變通力：

    當太太說你最喜歡吃的草莓醬用完了時，你能用葡萄醬替代。

    當你在做木工時，找不到鐵鎚，你會用石頭來代替。

    你發現舊的軍用鋼盔，除了戴在頭上外，還有許多其他的用途。

2. 想想看，你還知道哪些事具有變通性呢？

3. 假設你曾經有過一天，什麼事都覺得不如意，想想看，最壞的消息可能是什麼？究竟是什麼事出差錯？用你的變通性來引導出較好的結果。

    試試看改變你經驗中好的與壞的消息。

    壞的消息 ＿＿＿＿＿＿＿＿＿＿＿＿＿＿＿＿＿＿＿＿＿＿

    好的消息 ＿＿＿＿＿＿＿＿＿＿＿＿＿＿＿＿＿＿＿＿＿＿

4. 有人說，沒有痛苦就不會成長，意思就是說，除非迫切需要，否則你不會去學習，相同的，如果你老是一成不變的處理事情，將不可能有所變通。你能否想一些有用但不重複的例行公事，看看結果如何？

5. 列出你日常例行公事的步驟，再列出改變過的步驟，這將訓練你的變通性。

每天例行的事	變通的事
步驟1＿＿＿＿＿＿＿	步驟1＿＿＿＿＿＿＿
步驟2＿＿＿＿＿＿＿	步驟2＿＿＿＿＿＿＿
步驟3＿＿＿＿＿＿＿	步驟3＿＿＿＿＿＿＿

6. 若有一群喜歡啃食紙張的微生物，吃掉全世界的紙源，有哪些其他可能的事物來溝通和記錄知識？列出你認為能取代紙張的替代品。

7. 有些情況更需要變通性。你的朋友弄斷了他的鞋帶，而他極需要

鞋帶使用。如果你手邊剛巧沒有鞋帶，卻想使他高興，你能想出多少不同的方法來取代那斷了的鞋帶呢？

8.再想想看，有哪些東西可以代替鞋墊？

9.兩球隊預定下午舉行棒球比賽。當兩隊準時到達時，暴風雨來臨了。球員們決定在學校的自助餐廳裡等待雨停。當他們在裡面等待時，可以做什麼活動使原來的競爭精神持續呢？你能想出一些室內的比賽嗎？

㈥獨創力

獨創力是一種能想出不尋常反應的答案、新穎想法的能力，能做出別人意想不到的事情或跟別人同樣的事情而想法與人不同。

1.以下這些情形，可顯示你具有獨創性：

⑴你想出的聖誕節穿著與別人不同。

⑵你會杜撰一個故事、編一首歌、作一首詩。

⑶你會設計一種訓練人發揮獨創力的遊戲。

2.如果你要為參加「青蛙跳比賽」得最後和第一名的青蛙設計獎品，你的獎品將是什麼？

3.昨天剩下一些炸薯條，除了吃掉外，想想看你還有什麼特別的方法可以利用它，讓別人大吃一驚，直呼高明？

4.各種比賽無論大小、嚴肅的和有趣的，從豬叫到奧林匹克的潛水，一直都在進行著。

想出一個具獨創觀念的比賽，將它的不平常吸引人之處公布，這個比賽必須具備時、地、規則和獎勵，使人有興趣參與。假如：

比賽名稱：豬的跳遠比賽。

時間：下個月五號。

地點：中華體育場。

規則：(1)每隻豬跳三次。

　　　(2)體重不超過 300 公斤。

獎品：入選三名，獎金一萬元，飼料五斤。

(七)精密力

　　精密力就是在原來的觀念上再添加新觀念，也就是能藉著修飾的本事，花心思去將事物引伸或擴大。

1. 當你從事下列各項事情，就是在運用你的精密力：

　(1)使用圖解的方式去發表你所寫的報告或故事。

　(2)在自己建造的模型上粉刷。

　(3)在錄音故事上使用音效，使得它聽起來效果更好。

　(4)增加地圖的細節，使它看起來更為詳盡。

　(5)利用手勢與面部表情來強調你所說的話。

2. 依你使用精密力的經驗，列舉更多的例子。

3. 你是否曾覺得有人「偷」了你的想法？或是他們說得比你更富有「創造性」的精密力？

4. 曾感覺有人說出你想說的意見嗎？寫出你最先的想法及別人對它的看法。

5. 你想修正你的想法嗎？你能使用你的精密力去修改它嗎？你能否利用精密力去修改你日常生活中的事物，例如：「牙刷」等。

6. 一些故事，例如水滸傳、紅樓夢等小說中對人物的刻畫描寫，都是表現精密力的好例子。選一些原本平凡無奇的人，運用你的精密力，使他們成為冒險故事中的主角。

7. 試著用氣象報告的一些天氣變化，加以引伸，創造出一個好笑的劇本。

8. 請利用下面的一段新聞報導編寫一個故事。

> **祕魯恐怖分子發動炸彈攻擊**
>
> 　　【中央社利馬五日專電】祕魯文化協會、祕魯財政經濟部、美國已故總統甘迺迪的一座雕像以及兩處大使館，昨晚遭遇炸彈攻擊，相信這是毛派恐怖組織「光明之路」所為。
>
> 　　上述攻擊事件只引起財物損失，但是，昨天早晨，恐怖分子暗殺了利馬南鄰宛卡約省的美洲人民革命聯盟領袖，並使祕魯西南普諾的美洲人民革命聯盟總支部祕書長受重傷。

(八)想像力

　　所謂想像力是指，在腦中將各種意象構思出來，並加以具體化。它使我們超越現實的限制，進入一個無所不能的世界。

1. 什麼時候你運用想像力呢？

　　(1)你把所讀故事中的人物或書中背景畫出來時。

　　(2)試想你若遲回家吃晚餐，母親會有何反應？

　　(3)幻想你做了多吃一份額外點心的決定時，後果為何？

　　(4)你作白日夢時。

2. 你能否舉出其他運用想像力的例子？

3. 設想每個人「從嬰兒到當祖父母」身材都一樣大小，在這種想像的情境中，試想有哪些好處？有哪些壞處？

4. 任選一種情調的音樂，聆聽過一段時間後，設計一個唱片封套，描繪出你隨音樂所聯想的情境。

5. 想像你是這群人中的一位：

　　為何你站立於此？

　　站多久了？

其他的人是誰？

那時幾點鐘？

其他有關此圖的想像是什麼？

6.我們都看到溫文儒雅的記者柯先生溜進電話亭，瞬間變為超人出現。問題是從來沒有人知道「當他換上超人的裝束後，如何處置他的西裝？」他總不能將它們扔在電話亭中吧！

設想你就是超人，而這正是你的難題，你將如何處置你的西裝？

_____

_____

_____

(九)好奇心

好奇心就是對事物感到懷疑，疑問即伴隨而來。問題產生了，便去調查、探詢、追問，雖然感到困惑，卻仍能繼續思索、沈思，以求明白事情的真相。好奇心是經由懷疑、思考、困惑而形成的一種能力，它是開始去發問、思索及嘗試的關鍵，好奇心經常是伴隨在能滿足於預知未來如何的意念中而產生的。

1.當下列的事發生時你會好奇：

　①你拆開一個舊鐘只是為了看內部的一切。

　②你問「為什麼」？

　③你疑惑「假如……會發生什麼事？」

2.試列舉一些有關好奇的事物，且對每件事物問一個問題。

3.你可知你對事物的好奇程度為何？以下的量表從 1（表示我一點也不感好奇）到 10（表示非探個究竟不可）之間，請你衡量你本週的好奇心程度。

例如：

事件：<u>新的鄰居</u>　1　2　3　4　5　6　7　8　9　10

事件：_____　1　2　3　4　5　6　7　8　9　10

事件：_____　1　2　3　4　5　6　7　8　9　10

事件：_____　1　2　3　4　5　6　7　8　9　10

4. 你見過能讓你好奇到想把疑惑解開的事物嗎？

5. 根據你的經驗，對於「好奇會殺死貓」這句話，你同意與否？

6. 從你的經驗中找出一個為之爭辯而獲得證實的事件。

7. 如果有一個杯子裝滿了醋和水，再加兩茶匙的醱粉，然後倒在五顆未爆的玉米上會發生什麼事？想一想杯中還可添加什麼物質。

8. 看看上圖這個怪機器，想想看你會提出哪些疑惑的問題，請寫在下面。

_____

_____

_____

㈩挑戰性

　　挑戰或複雜性是一種處理複雜問題與混亂意見以尋求解決問題的能力，它將邏輯條理帶入情境中，並洞察出影響變動的因素。

1. 以下幾件事可以訓練你「具有挑戰性」的能力：
   (1)為了宣傳學校展覽會，你設計並製作了一系列的海報。
   (2)你能為學校、鄰居或家人安排棋賽的賽程。
   (3)在收入許可的情況下製作預算表。
   (4)做一道香菇煎餅當早點以代替麥片粥。
2. 請列出能訓練挑戰性的幾項情境。
3. 仔細看右圖的空間部分，注意它們彼此重疊的情形，指出一種它們彼此的空間關係。

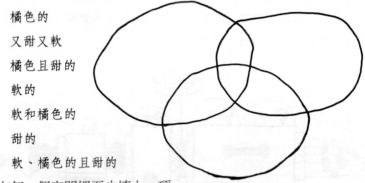

橘色的

又甜又軟

橘色且甜的

軟的

軟和橘色的

甜的

軟、橘色的且甜的

在每一個空間裡至少填上一項。

4. 宣文、宣武、錢鼎和永皓各參與一隊的運動，這運動的種類是曲棍球、棒球、水球和足球，而各隊的名字是獅子、老虎、猴子和老鼠。

找一找每個人所參與的種類和他歸屬的球隊名稱。

   (1)永皓是足球隊員，和獅子隊住在同一條街。
   (2)曲棍球隊員和老鼠隊乘坐不同的公車，而錢鼎和老虎隊卻乘坐同一部車。
   (3)宣文和棒球隊員都是研讀西班牙語，而宣武和水球隊員都是研讀法文。

⑷永皓和猴子隊一起離開學校。

⑸棒球隊員不在老鼠隊。

⑹宣武不是足球隊員。

廿一、預測能力

　　在教育資優兒童面對未來時，有一些重要的預測技術可資運用。以學生是學習的主動發動者觀之，學生應該了解這些技術的目的，能熟悉這些技術，並能將這些技術遷移到現實生活的問題解決之中。預測的主要目標是去了解變遷和發展多元未來的理念。預測能力包括下列各項：

1.趨勢研究：以先前發生的事件為基礎，預測未來可能的變遷。

2.系統分析：由資料的收集，以確認系統的各個部門及功能，預測在變遷的環境中可能發生的事件，諸如運輸系統、循環系統、廢物處理系統等。

3.擬態：以模式運作的訊息為基礎，讓學生在特定情境中進行角色扮演。透過擬態技術、觀念的試驗和探討、行動的抉擇及結果的面對，都可在沒有真正危險的情形下去經歷。值得注意的是，實際情境的各種要素都應該呈現，如此所作的抉擇才會與真實世界發生關聯，所用技術也才能遷移到實際情境中。例如，模擬一個在土地開發公司威脅下，某海岸小村落的運作情形。

4.交叉影響矩陣：此項技術可用來處理任何課題或問題，並確認許多應該考慮的運作力量。把這些運作力量列在縱列，將主要領域列於橫行，形成一個矩陣，如此可看出一個力量對另一個力量的影響及交互作用。例如，設計一棟房子：房間、水電瓦斯供應、功能、通風、採光、內部裝飾、通道等。

5. 未來之輪：在一大張紙的中央寫上某一趨勢、問題或改變（例如：廢除都市的中心商業區）。以此為中心，繪出一個幅輪，寫上可能的結果（例如：擴大貧窮、浪費資源、交通癱瘓、健康受危、郊區趨於擁擠）。每一個幅輪也可能引發許多其他的結果，成為其他幅輪的中心。

6. 決定樹：在用「是」與「否」的回答方式探討一個問題時，決定樹可用來檢視可能的選擇。實施的方式是：由簡單肯定的「是」答案，指向延續前一個選擇的進一步問題，如此決定樹不斷地延展出去。例如，度假？是。遠一點？是。內陸？否。海岸？是。露營嗎？否。船上旅館？是。……

7. 德懷術（腦力激盪術）：這是讓團體就可能的趨勢和結果提供意見，並讓該領域的專家達到一致性結論的一種方法。本方法強調不可以攻擊或毀謗他人的意見，及影響討論的結果。實施的方式是將問題卷在團體中往返傳四次，讓團體成員作答。實施步驟如下：

(1)列出期待發生的各種事情？

(2)這許多事情各在何時會發生？

(3)找出所有參與者的一致性答案，若有人的答案異於此一致性而顯得較特殊，則要求他們進行澄清或辯護。

(4)當答案未趨於一致時，應答者即被要求去評鑑不同的意見，以求改良。多種改良的可能性均應被確認。

　　本方法和投資表決的方法不同。在本方法中，專家也是參與者，其目的是在研究特定領域時，就各種可能的特性達成一致性的看法。

8. 未來的行動方案：讓學生以一個設定的未來時代為背景，寫一個

故事或劇本，描寫那個時代可能發生的改變。例如，在公元二〇
二〇年，你從一場白日夢中醒來，發現一項重要的工作調配中你
被冷落了，你開始檢視自己的能力，以及過去如何攀爬到今日的
職位。請描述你的想法及所擔負工作的性質。

　　主動沈潛於未來行動方案的撰寫本身就是創造性預測技術的
高度發揮。科幻小說的研究是計畫多元未來的教育形式，舉凡科
幻小說的形式、觀念的可靠性、作者的社會觀、中心要旨等都指
向值得研究的「趨勢」。然而，研究主題必須是活動性且發人深
思的。例如，假如喬治歐威爾的小說是在一九七四年寫的，那麼
這本小說和他的鉅著《1984》會有哪些不同？再如，研究阿道士
赫胥黎的《美麗新世界》，可以洞悉教育的烏托邦形式──事實
上，其中包含許多當前資優教育的編序學程。

　　雖然上述技術是分別介紹的，事實上，他們可以統合地應用到
未來的資優教育課程中，其中有一些技術已應用於資優學生的創造
及批判思考中，如腦力激盪、創造性問題解決、撰寫未來行動方
案、擬態、研究技能等，均可用以發展多元的未來。預測的目的就
是去開創可欲的變遷。

第三節　發展處事方法與生計技能

壹、目標

㈠學生了解處事方法和生計發展及其關係的重要性。

㈡學生試探其所選擇之各種處事方法與生計技能。

㈢學生能參與生計活動。

貳、活動

一、生計試探

　　學生參與生計活動實習處事方法可以了解各種生計。在校中如能加強生計試探的活動多方學習，對於畢業後的生計選擇將大有助益。學校輔導室可利用國小團體活動時間或國中輔導活動課設計單位授予有關各種生計活動的知識，再以腦力激盪術或其他技能就各種生計領域加以探討，提供各類資料讓學生閱讀，參觀各種生計活動之有關設施，邀請各類生計活動代表人士前來座談。學生各自選定試探之生計活動後，可拜訪有關生計活動之傑出人士，深入研讀有關書籍，學生可在小組中分享傑出人士處事方法及個別探討之結果。

二、生計了解

　　資優生透過生計試探的活動後，已初步對各種生計中的若干領域發生較濃厚的興趣。此時，教師可協助其就該領域做進一步的了解。包括該生計領域的要求條件、發展的可能性、對社會的貢獻程度、相關領域的知能、可資利用之社會資源等。尤其了解個人興趣、能力和需求等與該生計領域之關係。為促進資優生深入了解，可透過閱讀、訪問、座談、參觀以及調查等活動，以達到生計了解的目標。

三、生計計畫

　　兒童透過生計試探及其他活動，深入了解某種生計活動，因而對生計領域有初步的體認和選擇之後，可以在教師或生計發展專家的指導下，試擬生計計畫，以為生計參與之準備工作。資優兒童都是未來各生計領域的領導人才，必須依據其生計選擇，了解如何做生計計畫，才能有較大的發展可能性。他不僅要計畫如何從事該生計，更要計畫如何領導某一生計領域。當然此種生計計畫並非最後方案，仍必須隨時依實際進行情況加以修正，甚至在一般時間之後，發現興趣有所轉變，仍可改變生計領域，重新訂定生計計畫。塔巴（Taba）所提關於做計畫的能力，可應用於擬定生計計畫。

四、生計參與

　　經多次試探與實習後，學生可直接參與生計活動，由學生就試探的生計活動中選定三至四項親自參與並實際加以妥善處理。教師及輔導人員共同加以評估，並協助安置於實際情境中，使能有二十

至五十小時的實際參與。

　　學生實際參與生計活動後，應舉行研討座談會，邀請生計專家、生計活動負責人員、教師、家長及其他同學參加，共同研討參與心得。對於學生的生計發展將大有助益。

第四節　培養人際技能

　　人際技能雖非所有資優生的必要條件，卻是影響資優生一生成敗的重要因素。不僅具領導才能的資優生以此為重要指標，其他資優生也有培養良好人際技能的需要，何況資優生大多是未來各行各業的領導人，其領導是否成功，端視其人際技能而言。人際技能可以包括自己對自己、自己對他人，和自己對團體的互動技能，其目的在建立滿意的人際關係。

一、要先喜歡自己，別人才會喜歡你，你要先能喜歡別人，別人才會樂於和你交往

　　資優生雖然有超常的能力，卻不能自滿，因此常常無法喜歡自己，其結果顯現在人際關係，導致別人難於喜歡他，因為彼此是會相互影響的。其次，資優生常因同伴不如他而輕視友伴，自然別人也不會喜歡他，所以建立良好人際關係的第一要件是要能喜歡自己，喜歡別人。

二、要能看重自己、尊重別人，然後才能互尊互重，奠定真實穩固的人際關係

　　資優生常因自己的聰明才智過人或某種先天稟賦優異而在言語上、態度上不尊重別人，自然會破壞人際關係。資優生有時也會因不滿於自己的能力而自貶，也可能因某些能力不如人而自責，如此，將無法獲得他人尊重的友誼。

三、信任自己、相信他人、互信互諒、友誼永固

人際關係的建立在於彼此互相信任，即使偶爾有所疏失，也能彼此諒解，如此，人際關係才能牢固。

四、坦誠乃是人際關係的良策

彼此能否互信，在於彼此是否坦誠，惟有坦誠交往，才能走上平順的友誼之道。

五、要樂於與人交往，才能廣佈人際關係

許多資優生孤芳自賞，不願與人交往，自然無法贏得友誼。尤其資優生在許多方面顯現優異，他人常敬而遠之，若你不主動去和他們交往，或他人有意思表示時，能夠欣然接受，則無法建立良好的人際關係。

六、要多了解自己、了解他人，才不致錯估形勢

了解自己的能力和需求，才能舉止有度，了解他人的能力和需求，才能提供必要的協助，否則努力了半天，對方卻不領情，自然無法增進人際友誼。

七、吃小虧，贏得大友誼；讓三分，維持良好關係

在人際交往上難免有得有失，如能吃點小虧，不過分計較，對方常常會因感激而加深彼此關係。例如小組合作壁報時，如果資優生願意多分擔一點，其他成員一定很感激，自然成為好朋友。

八、不要炫耀，也不要過度偽裝

如果你不是故意在誇耀你特有的才華，別人仍會欣賞你真實的能力，反之，也不要過度偽裝自己的才能，否則可能引起他人的不真實感，會影響彼此的交往。

九、要懂得欣賞別人的優點

資優生因有超常的能力，常常看不到他人的優點，自然談不上欣賞，因此，資優生必須超脫自己的眼界，設法找出他人的優點，甚至於在合作中或遊戲中的特殊表現，也可以加以讚賞，都是增進友誼的好方法。

十、不要抱持完美主義，更不要吹毛求疵

資優生求好心切，致常有完美主義的想法，在人際交往上不允許有任何缺失，因此，很難建立良好的關係。

十一、用創造思考發展關係，用愛心耐心維護關係，用批判思考檢驗關係

人際關係很少憑空產生，需要用心去創造，在家中、在學校、在職場、在運動場或其他場所，都可以創造有利的環境以發展良好的人際關係，創造思考能力若能善加運用，將頗有助益。一旦關係建立，有待愛心、耐心來維護，彼此善意相待、耐心維護，才能持久。最後，隨時應以批判思考來檢驗彼此的關係，去蕪存菁，才能建立穩固的人際關係。

十二、在人際交往中懂得妥當地扮演自己的角色

不論在人與人的雙方關係中,或在團體互動中,資優生必然要扮演各種不同的角色,例如:照顧者和被照顧者、領導者和被領導者、訊息提供者與傾聽者等不同的角色,能否稱職地扮演適當的角色,將影響其人際交往的成敗。

十三、懂得如何表達適當的情緒

資優生從小就受到太多的獎賞,所以過分直爽,因此,常常在情緒表達上不僅不知自制,有時隨興而發,導致人際關係的破裂,故應加強情緒教育,有助於人際交往的建立。

十四、熟悉各項溝通技巧,可以增加人際關係

資優生要增強其人際關係,可以改善下列溝通技巧。例如:如何傾聽、如何澄清、如何回饋、如何增強、如何說明、如何協調、如何指導、如何設定、如何獎賞讚美,以及如何解決問題或困擾等。

十五、主動傾聽術更有助於改善資優生的人際關係

懂得傾聽也願意傾聽將是人際交往的重要策略。惟單純的傾聽而無反應將難於激發人際關係的火光。所以適當的方式是傾聽中適時給予回饋。一般人常會採取下列十二種表達方式中的一種或數種,可能會妨礙進行中的溝通程序。茲列舉於後:

㈠命令、指導:「一定要」、「不要」。

㈡警告、恐嚇:「如果你不合作,我要處罰你。」

㈢教條式溝通。

㈣勸告、建議。

㈤教導、說理。

㈥消極批判：「可怕極了」。

㈦積極批判：「太好了」。

㈧標名：「笨蛋」。

㈨分析、診斷：「你之所以如此，可能是由於……」

㈩同情、安慰：沒有關係。

(十一)審問：你問他答。

(十二)說風涼話：「如果你不願意，為什麼要這樣做呢？」

為避免妨礙溝通，也可能沈默，不予置評鼓勵多說或不自然的回饋等替代方式，雖然上述十二種為佳，仍不能積極地有助於溝通的進行，目前許多人採用的主動傾聽術（active listening）也許較為可行。

採取主動傾聽術時，首先分析溝通情境，可能有表 3-5 所示之五種情形，第一種情形是你有問題，也就是發生溝通障礙的問題在對方。此時，可以直接採用主動傾聽術。也就是傾聽對方所送出來的各種訊息。包括語文和非語文的訊息，然後給予適當地回饋。（如圖 3-3）回饋的方式以對方的情緒反應為重點，如此較易為對方所接受。

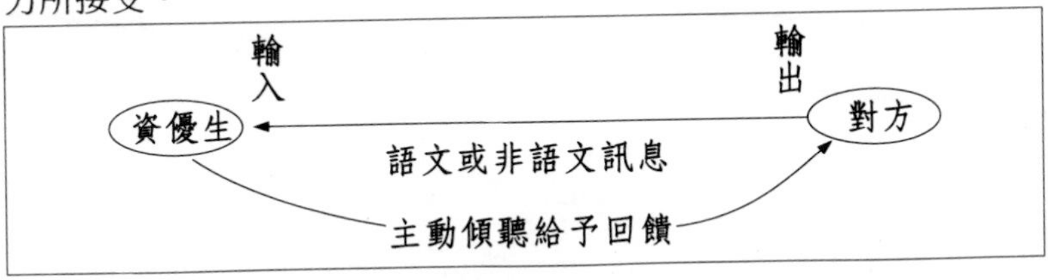

圖 3-3 對方有問題時採主動傾聽術

表 3-5　溝通情境分析表

```
你有問題
我有問題
雙方都有
雙方都沒有
價值衝突
```

　　如為第二種情形則困難問題在資優生，此時可採「我的信息」
（I-message）的方法，首先把自己的困難問題以第一人稱的方式向
對方提出，然後觀察對方的情緒反應及其他語言或非語言的反應，
接著可採前述的主動傾聽術，以利溝通和問題解決。

　　如果是第三種狀況，則適當地採取前述二種方法，而且雙方必
須能夠進一步，「妥協」可能是最好的辦法。

　　至於第五種的價值衝突，可採價值澄清法各自澄清其價值觀後
再行溝通，較有成功的可能。

　　最後，溝通不是要對方完全順從你的意思，而是開誠佈公。

第五節 增強情緒管理能力

壹、資優生需要加強情緒管理能力

資優生也和一般學生一樣，有骨肉也有靈魂，有智慧也有情緒，不過，資優生的某些能力也許高於一般學生，但是情緒管理能力卻不然，甚至還可能不如其他學生。雖然托曼（Terman）等人經過長期的追蹤研究發現資優生在心理能力、生理能力、社會和情緒適應等均優於普通兒童，不過，仍有許多研究指出資優生在生活適應上有種種的困難。事實上，我們可以發現不少資優生因欠缺情緒管理能力，致影響人際關係和學習生活，甚至影響生命安全。曾有幾位資優生自殺身亡的事件，在生涯上也常聽到資優生有懷才不遇的情形，常是因為情緒管理能力的問題所導致，故加強資優生的情緒教育，使能調節自我情緒，和諧人際關係，實為資優教育的重要課題。

貳、情緒管理能力的意涵

所謂情緒管理能力，就是能夠掌握自己的情緒，做自己情緒的主人而不為情緒所役，進而善用情緒促進自我成長，利己利人。情緒產生於人與自己、人與他人、人與事物的互動中，善於管理情緒者能使此互動順遂，關係和諧，茲分述說明之。

一、人與自己

任何人隨時都在和自己交談互動，資優者常常低估或高估自己，所以會有不當的情緒，有了情緒也常無法適當管理，以致對自己不滿。

二、人與他人

包括人和其他個人的關係，以及人和其他團體的關係，同時包括自己的情緒和他人的情緒管理和調適。

三、人與事物

自己和其周遭事物也經常在互動中產生情緒，如音樂家對自己的作曲，美術家對自己的畫作，文學家對自己的文章都可能產生不當情緒。

參、增強情緒管理能力

不少資優生不僅在團體生活中有困難，與他人的人際相處也常因情緒失調而破壞關係，不僅如此，有時也無法善待自己，接物處事也受影響。因此，情緒管理能力的訓練應包括人己、人際和人與事物、個人與團體等四大領域，每一領域都應兼重認知、技能和情意三大層面（如表 3-6）。資優生應認知人己、人際、人與事物、人與團體之間的各種情緒的性質，也應有調整和管理情緒之能力，更應培養調整和管理情緒之意願。茲舉若干策略供教學參考。

表 3-6 情緒教育的基本架構

要領＼領域	人己	人際	人事（物）	人與團體
認知 技能 情意				

㈠教導資優生覺知各種情緒的存在和其特性。在人己和人際互動中，資優生常常忽略情緒的存在，以為那是他的本性，其實他已為情緒所役而不自知，資優生應先覺知情緒的存在且了解各種情緒的特性，否則無法採取任何行動。

㈡輔導資優生對其情緒加以反省，好好地省察情緒的來源。包括為何會有那種情緒，該不該出現，何以用這種方式出現等。

㈢引導資優生產生調整情緒的意願：沒有意願便沒有調整和妥善管理情緒的動機。包括傾聽對方的聲音、接納對方的情緒、同理心、設身處地、角色扮演、改變想法等。

㈣訓練資優生適時適地表現適當情緒：資優生由於智力過人、知識豐富，因而常常率性而行，無法適時適地表現適當情緒，例如悲傷時不知悲傷，在教室裡表現在家常有的情緒反應。該強不強，該弱不弱，這種情形常常造成人際關係的障礙。必須因時、因地加以適當訓練，使能因時制宜，因地制宜，因人制宜，因事制宜，才能成就全人的資優生。

㈤善用後設認知以監控情緒反應：資優生在情緒反應過程中，若能善用其後設認知對每一環節加以有效監控，才可能有適當的情緒反應。例如若能善加省察情緒狀況，才能激發適當的情緒動機，然後才可能有適當的情緒行為，也惟有能有效監控情緒互動過程，才能調整不當情緒而引發有利於人際互動的情緒狀況，可知

監控在整個情緒管理過程中的重要性。

㈥輔導資優生以正常的態度表達情緒，不必因資優而有特別的表現。有些資優生（尤其是音樂或美術資優生）常會有較強烈的情緒反應，可能是在發展過程中受到不當增強的結果，資優生應該知所警惕，以免破壞人際關係，我們也應該注意不當增強的後果，盡量加以避免，在雙方合作之後，資優生較能發展管理或調整情緒的能力。

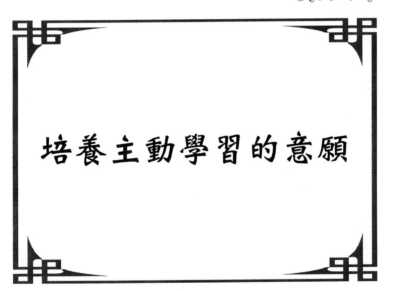

第四章

培養主動學習的意願

第一節 建立積極主動的自我觀念

壹、並非所有資優生都有積極進取的自我觀念

　　許多資優生由於能力強、學習快、反應好，所以從小就被父母師長或同學所肯定，因此做事積極，努力進取，不怕困難，也自然發展積極進取的自我概念。但也有不少的資優生沒有這麼好的生長環境。父母忙於工作，無心輔導，老師也不能善用教學方法，只知打罵，甚至於抑制其展現特長，因此，無法培養積極進取的自我概念。對於前者，吾人應善加維護，以免受傷害。至於後者，則需要特殊的輔導方式以發展其積極進取的自我概念。

貳、建立積極進取的自我觀念，才能培養主動學習的意願

　　要培養資優兒童主動學習的精神，首先建立其積極進取的自我觀念，能積極進取才有主動學習的可能。因此，本教育方案特建議採取貝茲（Betts）的主動學習模式中的定向層面，做為本教學方案的開端。定向層面所設計的活動內容，乃是提供學生了解資賦優異的涵義和資優教育的基本資料。完成教學活動後，資優生應能了解下列問題：

㈠「資優與特殊才能」的意義是什麼？

㈡本方案之目標為何？

㈢如何甄選本方案中之資優生？

㈣本方案所甄選的對象和資優觀念之關聯性如何？

㈤學生參與本方案之機會與責任又如何？

㈥如何讓社區民眾參與本方案？

㈦何謂主動學習者？

　　透過這一層面的活動，學生對於資優的概念有基本了解，同時認識自己的能力與興趣，尤其對於本模式的了解，有助於其積極參與的意願。

參、要建立積極進取的自我觀念，應從認識資優著手

　　過去的資優教育理念認為資優生不宜讓他知道其本身是資賦優異，否則將會有驕傲心態。目前資優教育家都認為應讓兒童了解其資賦優異的本質，和其他人有何不同，是透過何種方式甄選出來的，其資優教育方案為何。這些都可以讓資優兒童了解自己資賦優異之所在，期與未來生涯發展相結合。此外，應讓他透過各種方式來了解其他資優者，以收見賢思齊之效。其方式如下：

一、研究資優人士的生平

　　梅克爾（Maker）認為資優課程應包括內容、過程、成果和環境的改變，而對於資優人士的研究乃是內容改變的重要項目。資優生可以透過訪問通信，或從資優人士傳記中去了解資優人士的生平。資優生可以選擇一位他感到興趣的資優人士，深入研究其個人資料、家庭背景、交友情形、工作狀況以及事業成就等。尤其著重

家人對其資優的態度和其與家人如何保持適當良好的關係。同時著重資優對其工作上的影響，對其自己資優的正確態度。又使其了解資優並不一定保證成功，在生涯發展過程中仍然會遭遇到挫折，如何克服工作中的困難和挫折，最後達到成功的目標，當其遭遇失敗，又是如何處理失敗的經驗。對其成功和失敗的看法如何？成功後的處事態度如何？

二、訪談成功的資優人士

社會上各行各業各階層都有事業成功或工作上有成就和研究上有傑出表現者可為資優生的楷模。資優生可依其資優特質或特殊興趣，選擇適當人物進行訪談。例如音樂資優者，可拜訪傑出音樂家，對政治有興趣者，可以訪問有傑出表現且可為楷模的政治家。教師宜先指導資優生調查社區內的資源人物，並了解其接受訪談的意願，再安排資優生前往拜訪，以免受拒而影響學生學習興趣。訪問重點可參考生平研究的資料。

三、邀請傑出的資優人士來校參與座談

有時訪問資優者只能有少數資優生參與，為求擴大參與，可以邀請傑出的資優者來校和資優生座談，如此可以節省資優人士的時間而能讓全體資優生同時參與座談活動。座談之前，教師應指導資優生收集、研究有關資優人士的個人資料、家庭資料和生涯資料等。座談時可請傑出資優人士自我介紹，其重點可參考生平研究所提出的事項，講述之後再由資優生提出問題，這些問題最好先準備好，臨時發現的疑點或重點也可以提出，除同學與資優者之間的互動外，資優生之間也可互相提問或檢討。資優人士也可以提出問題

或意見和資優生交換看法。這種學習活動，對資優生認識資優概念及人格成長有莫大的益處。

四、舉辦資優人士群英會

資優生透過閱讀、訪談、座談後，對傑出的資優人士已有相當的了解，為使其進一步接觸或深入了解，可在校內舉行群英會，邀請傑出資優人士及校內有關教師參加。資優生可以某一傑出資優人士為楷模，學習其言談、風度及氣質，甚至可以裝扮成該資優人士的模樣。聚會中盡可能使資優生、資優人士和資優教師三者在一起，必要時，資優生可以權充小記者來訪問資優人士；教師可從旁加以觀察，以為日後輔導之參考。在群英會中，資優生若能展示其所收集關於其傑出人士的資料，由傑出人士參觀後提出看法，將更可增加教育性及趣味性。資優人士亦可將其重要資料提供展示，可以增加彼此的交流。資優生也可以試著提出個人見解就教於資優人士。群英會的高潮可以是猜人遊戲或才藝表演，在猜人遊戲方面可由資優生依據對傑出資優人士的了解編製謎題讓全體資優生去猜。至於才藝表演可由傑出資優人士和資優生個別表演相同或不同的才藝，也可以一起表演，甚至於全體表演。但不做任何比較，使資優生了解個別差異的存在。

五、舉行模擬資優人士記者會

為使資優生了解自己的資優情形，可在班級內舉行模擬班內記者會，由某同學擔任主持人，其餘同學權充記者，提出各種問題，由主持同學回答，如不便回答也可以不回答。例如：(1)你認為你的優點在哪裡？(2)你有哪些方面的資優？(3)你的資優對你有幫助嗎？

在哪些方面？⑷你的資優曾使你感到不便嗎？在哪種情況下？⑸未來一年內或五年內可能面臨哪些挑戰？⑹你曾經因資優而感到快樂或煩惱嗎？⑺你認為你的資優應該感謝誰？父母？自己？或老師？⑻你曾經有感到不如人的時候嗎？⑼你認為資優一定會成功嗎？⑽你比較喜歡和資優相近的在一起，或不同資優者在一起，或和不如自己的在一起。⑾你認為你的父母也是資優嗎？⑿你認為資優者應該發展最大的潛能以賺取更多的錢來改善生活？還是為社會做更多的服務？⒀誰是你最願意學習的楷模？你願意把你和他比較一下嗎？⒁其他如興趣、讀書方法、處事態度，以及人際關係等問題也可以提出。

六、學習整理與保存資優人士的資料

透過前述教學活動，資優生可以獲得相當多寶貴的資料，若能加以整理保存，不僅是一種很好的學習經驗，而且可以是最後良好的教材。任何書面資料都可加以整理保存，座談、訪談、群英會或記者會的資優若能加以錄影、錄音，都很有用處。可以做為學習活動的一部分。

肆、增進資優生的自我了解有助於提升主動學習的意願

資優生也和普通兒童一樣，有其個體間之差異，也有個體內之差異。在能力上有高低優劣之差，在人格特質上也有長短之別。讓資優生更了解自己的能力、興趣、性向、人格特質等，更能使其自尊自重，以建立積極進取的人生觀。關於認識資優部分已在前面討論過，不再贅述，以下僅就能力、興趣、性向、人格特質等方面說

明之：

一、繪製剖面圖

對資優生實施智力測驗之後，可將其分項繪成剖面圖，使其了解能力之差異，也可將其各科成績畫成剖析圖，使兒童了解哪些科目成績較好，哪些成績較差，進一步輔導其發揮所長，補救所短，才能有健全的發展，如能和其他同學的剖面圖互相觀看，更可以了解個別差異的意義。

二、舉行興趣和性向評量

對資優生施行興趣測驗，可以幫助資優生了解自己興趣之所在，進而依據興趣進行專題研究。

對於資優生施測性向測驗，可使其了解自己在哪些方面比較具有發展潛力，教師也可以從觀察資優生的日常學習行為中了解其性向之所在，以協助資優生了解自己，進而做為輔導的依據。

每個人都有他的嗜好，資優生也不例外，個人的嗜好多數和他的興趣或性向有關，但也不盡然如此。善用其嗜好，加以因勢利導，有助於其學習和研究。

三、人格特質和行為的檢核

藉著人格測驗的實施，可協助資優生了解自己的人格特質。教師也可以協助資優生了解人格、自我概念等重要概念的意義，並協助其健全人格發展。

資優生行為的良好與否，直接影響他和同學的人際關係。一般而言，良好的行為是大家都能接受的行為，足以增進與其他同學的

人際關係。不良行為不能被接受，如果經常表現不良行為將影響其人際關係。教師可發給每位同學二張行為檢核表，一方面記錄自己的行為，一方面記錄其他同學的行為，藉著同學的互相檢討，可以促使資優生放棄不良行為，進而表現良好行為。

四、學習風格和學習管道的了解

資優生的學習風格和普通兒童一樣，有其個別差異存在，可施予資優生學習風格量表，使其了解自己的學習風格，並協助其發展適當的學習策略。

不同的資優可能有不同的學習管道，有些人長於視覺學習，有些人長於聽覺學習，有些人則須視聽並用，才能有良好的學習效果，甚至有些須藉助於運動覺，協助其了解自己的學習管道，有助於採取適當學習策略。

五、情緒了解

讓資優生了解自己的情緒，有助於健全人格發展之輔導。下列活動可參酌運用：

㈠餓鷹

為使資優生了解每個人都有情緒，可以用餓鷹的比喻來增加其趣味性。告訴資優生每個人一生下來就在肚子裡有一隻餓鷹，隨著年齡的增加而長大，它的飼料是「沮喪」與「洩氣」。當學生沮喪或洩氣時，餓鷹就吃飽了，因而影響學生的自尊。由於它對學生的自我觀念有消極的影響，所以盡可能使餓鷹保持飢餓狀態。如此，學生的自我觀念才能有健全的發展。學生每天可以記錄餵餓鷹次數及餓鷹的情形，自我覺知積極與消極情緒行為，以避免沮喪、洩氣

之不良情緒。

㈡情緒溫度計

　　全班可製成一個情緒溫度計表，每生一個溫度計。刻度可從 1 到 10。情緒不佳時為「1」，最好時刻為「10」。每生每天到校可自定一定數，利用道德與健康時間說明其選定該度數之理由。相互檢討，交換意見達到輔導之目的。

㈢情緒線

　　以一長方形表示一個人的情緒，中間畫一橫線代表情緒線。長方形的左邊標上刻度以代表情緒的高低（由㈡的活動記錄可以得知情緒線的位置），情緒線之上代表不可接受區，情緒線之下代表可接受區。當情緒愉快時，情緒溫度高，情緒線上移，可接受區加大，不可接受區縮小，此時，較易和他人相處。反之情緒低落，情緒線下移，可接受區縮小，不可接受區加大，此時，資優生較不易和他人相處，最好少參加團體或交友活動。（參見圖 4-1）

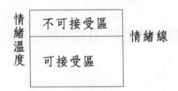

圖 4-1　情緒變化與社交

㈣情緒周期

　　將情緒溫度計的刻度記入月曆表中，可以看出資優生的情緒周期，輔導資優生了解何以某些日子特別快樂，某些日子很不快樂。某些日子很高興和同學相處，某些日子只喜歡獨處，從情緒周期可以看出端倪。

六、從自我了解中接納自我

　　個人成長的要素之一就是接納自我，了解自己的喜怒哀樂、長處和短處。要自我接納先自我了解。各個學生可在教師輔導下填寫「自我的成長歷程」，使學生能夠有計畫的進行自我試探。茲將「自我的成長歷程」如下：

自我的成長歷程

　　同學們！個人的成長就是一個旅程，有新的經驗、新的朋友，你自己也可能會有內在的改變。這份問卷裡面所提出的問題在幫助你對自己生活開始新的試探。希望你能誠實作答，不必考慮時間。

　　對你而言，此時意味一種新生，一種自我試探、發現、分享施與受的機會。生命如旅途，各奔前程。

1. 開始做這份問卷時，我是＿＿＿＿＿＿＿＿＿＿＿＿＿。

2. 在本計畫中，我要＿＿＿＿＿＿＿＿＿＿＿＿＿＿＿。

3. 參與本計畫後，我希望＿＿＿＿＿＿＿＿＿＿＿＿＿。

4. 我覺得容易做的事情是＿＿＿＿＿＿＿＿＿＿＿＿＿。

5. 我覺得很難做的事情是＿＿＿＿＿＿＿＿＿＿＿＿＿。

　　在個人成長的旅程中，有時我們必須看看我們自己，了解我們自己，自問：「我是什麼？」「我如何？」

6. 我喜歡我自己的特質是＿＿＿＿＿＿＿＿＿＿＿＿＿。

　　為什麼？＿＿＿＿＿＿＿＿＿＿＿＿＿＿＿＿＿＿＿

7. 多數時間我只在維持自己的現況，如想超越我現在的水準，我必須＿＿＿＿＿＿＿＿＿＿＿＿＿＿＿＿＿＿＿。

8. 我想改進的特質是＿＿＿＿＿＿＿＿＿＿＿＿＿＿＿。

　　為什麼？＿＿＿＿＿＿＿＿＿＿＿＿＿＿＿＿＿＿＿。

9. 其他人認為我＿＿＿＿＿＿＿＿＿＿＿＿＿＿＿＿＿。

　　　我們互為鏡子，透過你的眼睛，我可以看到我的成長，過去是重要的，因為可以讓你了解「現在你是誰。」

10. 下列人士曾助我成長（並說明如何助你）＿＿＿＿＿＿

　　＿＿＿＿＿＿＿＿＿＿＿＿＿＿＿＿＿＿＿＿＿＿。

11. 我最愉快的時刻是＿＿＿＿＿＿＿＿＿＿＿＿＿＿＿。

　　為什麼？＿＿＿＿＿＿＿＿＿＿＿＿＿＿＿＿＿＿＿。

12. 我最傷心的時刻是＿＿＿＿＿＿＿＿＿＿＿＿＿＿＿。

　　為什麼？＿＿＿＿＿＿＿＿＿＿＿＿＿＿＿＿＿＿＿。

13. 過去的事我希望改變的是＿＿＿＿＿＿＿＿＿＿＿＿。

　　為什麼？＿＿＿＿＿＿＿＿＿＿＿＿＿＿＿＿＿＿＿。

14. 我心目中的英雄是＿＿＿＿＿＿＿＿＿＿＿＿＿＿＿。

　　為什麼？＿＿＿＿＿＿＿＿＿＿＿＿＿＿＿＿＿＿＿。

15. 請誠實完成下列句子：

　　① 今天我是＿＿＿＿＿＿＿＿＿＿＿＿＿＿＿＿＿＿＿。

　　② 明天我要＿＿＿＿＿＿＿＿＿＿＿＿＿＿＿＿＿＿＿。

　　③ 我的朋友是＿＿＿＿＿＿＿＿＿＿＿＿＿＿＿＿＿＿。

　　④ 愛是＿＿＿＿＿＿＿＿＿＿＿＿＿＿＿＿＿＿＿＿＿。

　　⑤ 我最感不安全的時候是＿＿＿＿＿＿＿＿＿＿＿＿。

　　⑥ 我感到很真實的時候是＿＿＿＿＿＿＿＿＿＿＿＿。

　　⑦ 十年內我＿＿＿＿＿＿＿＿＿＿＿＿＿＿＿＿＿＿＿。

　　⑧ 我感到有安全感的時候是＿＿＿＿＿＿＿＿＿＿＿。

　　⑨ 我的父母＿＿＿＿＿＿＿＿＿＿＿＿＿＿＿＿＿＿＿。

⑩我對他人的第一印象，通常_____。

⑪當我不喜歡別人時，我_____。

⑫最難的事是_____。

⑬性是_____。

⑭異性覺得我有吸引力，因為_____。

16.我很想知道下列三件事：

　　①_____。

　　②_____。

　　③_____。

17.我人生的目標是_____。

　　為什麼？_____。

18.我感到最有價值的是_____。

　　為什麼？_____。

19.生命是_____。

20.現在我覺得_____。

21.為你以後數週寫下心理健康的訊息_____。

　　每位學生每年可填寫「自我成長歷程」問卷二次。填寫後交給老師，經過一段時間之後，師生可以共同研討，透過這種輔導歷程，學生獲得了成長。

七、從自我了解中培養適當行為，並計畫創造性的生活型態

　　在成長過程中學生常常不知道哪些是適當行為，哪些是不適當行為，為讓學生體會適當行為和不當行為，角色扮演可能是一種適

當的方式。透過角色扮演，學生可以體驗適當行為和不當行為的異同。

例如，有些同學對學校措施不以為然，想向校長報告，此時學生應有適當行為，因此，學生可先以角色扮演方式於不同情境扮演不同的適當行為和不當行為，然後以小組方式討論並檢討改進。

雖然每個人所覺知的適當行為可能因時因地而有所差異，但其基本特徵是和他人的關係會是圓滿和諧的。當資優生在某種情意表現適當行為，接受者會感到滿意，也會表現出適當的行為，如此，雙方關係必然和諧。資優生如能善加覺察，必能從自我了解中養成適當行為。

其實每位資優生的個人興趣、能力、需求、特性，以及其所接觸的環境不同（家庭、朋友、父母、兄弟、師長等），所以各有其不同的生活型態。尤其資優生有較廣泛的興趣，社會接觸的範圍甚廣，常常會了解他人的生活型態，因而產生對自己生活方式的不滿。若家長過度關心資優生的教育，要求其學習過多的功課，有些教師也會對資優生期望過高，要求過嚴的情況，將會使資優生感到生活刻板單調。如果資優生過早閱讀不當書刊，過早接觸灰色思想，常有導致生活失調，思考怪異，甚至於走上自我毀滅之路。我們應善用資優生的卓越資質，發展其各種興趣與各方才能的特性，在實際生活中加以點綴、發揚，隨時改變生活型態，展現其資優特性，使生活既充實又圓滿，才能培養其健全人格。

伍、從團體互動中發展積極主動的自我觀念

資優生的自我觀念，植基於他人或團體對他的反應。因此，如

何培養資優生成為團體中積極的成員，使願意且有能力參與團體互動，乃為發展資優生積極主動自我觀念的重要策略。其活動應能達成下列目標：

㈠學生能了解團體歷程的動力結構。

㈡學生能將此動力結構應用於環境之中。

㈢學生能積極主動參與團體、建立活動，並有所貢獻。

下列活動可供參考：

㈠打破界限

　　資優班剛組成的時候，各成員之間難免缺乏信任感，彼此尚無法坦誠相處，因此，必須安排「打破界限」的活動以消除隔閡。

1. 全班資優生圍成一圓圈，教師加入其間，由教師向左提出一個問題，在左邊的同學可以回答，也可以放棄回答，然後他有權再向左邊的同學發問，如果繼續下去，每位同學都有發問或回答的機會，最後回答的一位就是教師。

2. 教師提出第二個問題，左邊的第一位同學先回答（或放棄回答），然後再由左邊第二位同學回答（或放棄）直到最後一位同學回答為止。

3. 教師繼續發問，直到最後一位同學回答第一問題為止。然後教師要每位同學拿出一張紙，回答下列問題：

　　⑴你的感覺如何？

　　⑵你對自己及其他同學認識有多少？

　　五至十分鐘之後，教師要各生分享其體驗（但不強迫），最後由一位同學歸納各生的體驗。

㈡個別晤談

　　資優生可從個別交互晤談進一步彼此了解。兩位希望彼此了解的同學可以移動椅子，便於彼此交談。各生可以先準備發問的問題，以便在短時間內透過發問了解對方。第一位學生先問第二位學生，第二位學生可以回答，也可以不回答（如隱私問題等），一段時間之後，第一位同學可根據第二位同學的回答加以摘要綜合，第二位同學也可對摘要表示意見。然後由第二位同學向第一位同學發問，程序如前。個別晤談之後，每位資優生把另一位介紹給班上同學。教師宜參與活動，下列問題可供參考：

1. 你對你自己最喜歡的是什麼？
2. 你希望在哪一方面更好？
3. 你希望在哪一方面有所進步？
4. 你希望有什麼機會？
5. 你如何向他人示愛？
6. 你如何表達更多的愛意？
7. 你一生中有過非常成功的時候嗎？
8. 你願意在哪一方面與我分享嗎？
9. 你希望向我提出什麼問題嗎？

㈢安排郊遊

　　資優班可每學期安排郊遊一次。時間最好在週末，地點最好在郊外的活動中心，一切活動宜由學生自行設計，教師加以輔導，其目的：

1. 讓資優生體驗團體生活，增加與其他同學互動的概念。
2. 設計適當活動提供資優生自我覺知、自我了解，以及增長自尊的概念。

3. 使資優生有參與團體活動的能力。活動的設計旨在使資優生能以集體或小組的方式完成工作。許多團體性的活動都可以安排。但下列活動必須安排：

(1)尋找密友：本活動開始之前，每位學生發給一張紙，各生寫上自己的名字後交給班長或領袖。班長將名單放在箱子裡，各人從中取出一張，被抽到就是他的密友。在整個活動過程中，他必須善待密友。例如：端送茶水、體貼等。但以不使該密友容易看出為原則。活動結束後，各提出密友名單。

(2)談心郵筒：每位同學準備一大信封，上面寫上自己的名字，然後以姓氏的筆劃順序排列。其他同學可將心裡想說的話寫在白紙上投入該信封內，如此，便於彼此交談。

(3)才藝表演：郊遊活動如需在外過夜，則可在晚上舉行才藝表演晚會。惟應事前宣布（最好在一週前），以利準備。節目主持人可徵求志願者服務。此種活動有助於優點的發掘及相互欣賞。

(4)自導自演：除上述活動外，許多其他活動可由學生自導自演。以溝通技能及創造訓練、影片之放映等，內容包括星象、生態、考古等。

(5)傳送法杖：在猜完密友的遊戲之後，教師可準備一塊小樹枝做法杖，由教師或班上同學開始傳送。接到法杖者才有權講話，講完後再繼續傳送下去。最後輪到班長做結語後再結束。

(6)優點大轟炸：資優生在一起之後，彼此了解更多，可利用機會讓每一位說出他人的優點，一則建立情感，再者可提升其自我觀念。

㈣團隊合作

　　在小團體中，資優生有時扮演領導者的角色，有時扮演被領導者的角色。在團體互動中，有時扮演催化者的角色，有時要扮演和事佬的角色，當其成功地扮演各種角色時，教師都應該給予適當的回饋。童子軍的小隊訓練是一種很好的安排，小隊中的成員各有任務分配，各司其職，若能夠成功地扮演，可以提升其在團隊中的自我觀念。

陸、讓資優生了解機會與責任的相對性可以提升其自我觀念

　　如果缺乏指導，資優生常常不知道他是資優，也不知道什麼是資優，更不知道資優只是給他們機會，使他們可以學得多、學得快，比較容易成功，但是如果不知自我提升，沒有強烈的自我觀念，不知珍惜資優的特質，則資優並不能帶給他們好處。所以要指導他們了解資優是一種機會，要提升自我觀念才能使機會產生更高的效能。

　　其次，資優也是一種責任。資優兒童父母給予他資優的機會，社會大眾共同培育他，期望他未來對社會將有更大的貢獻，使他體認到對社會應負更大的責任，這是一般人做不到的，譬如科學發明、政治領導、社會改革、文學創作，甚至技術改良等都可以服務社會造福人類，有如此之雄心抱負，自然提升其自我觀念，對培養健全人格甚有助益。

第二節　發掘潛能，培養興趣

壹、潛能乃是興趣之所本，而興趣更是意願的基礎

要啟發學生主動學習的意願，必先了解其興趣之所在，而興趣與潛能往往是相輔相成的。學生具有某方面潛能，較容易對該方面產生興趣，有了興趣之後，更能主動學習，因而使潛能更快速發展。但是，由於潛能在未表現前往往不得而知，所以興趣是一個很好的指標。有些學生很早就顯現某種興趣和才能，例如某生五歲時就顯現出對於音樂的興趣，也顯現出對於音樂的天份。反之，有些學生雖然顯現興趣，卻看不出有天份，這些學生可能有天份尚未被發掘，這種學生只要假以時日，給予善加輔導，便可發掘其潛能，這是本方案所著重的地方。也有些學生雖有興趣，但他只是因為某種原因，例如遇到好老師，或者教材生動有趣，所以顯示暫時的興趣，長期下來仍然無法顯現出特殊的天份，那麼他就可以另行設計了；可能是退出資優方案，或另找其他興趣與潛能以為方案之重心，此有賴教育工作之用心。

貳、協助並發掘資優生的興趣

興趣是兒童學習動機的基礎，是持續努力工作的能源。所以協助資優生發現自己的興趣或發掘其興趣，乃是資優生情意教育的重

要項目，我們可以藉著下列途徑來進行，也可以發現相關領域之興趣與無關領域之興趣，可供施教上之參考。許多兒童的興趣，因故不被發現，甚至被發現者並非真正興趣，而是時機所致，故有必要注意相關領域和無關領域之興趣。

一、從名人傳記閱讀中試探其興趣

當指定每位資優生閱讀其所喜歡的名人傳記時，可以了解資優生閱讀哪一類名人或哪一種名人傳記。例如，甲生喜歡閱讀莎士比亞等類名人傳記，也許可以看出其對文學有興趣。又如：乙生喜歡閱讀李遠哲的傳記，則可推測其對科學方面的興趣。如果資優班中每一位同學都閱讀相同的名人傳記，則可從其閱讀心得報告，或閱讀後的班內討論會中，可以看出某些資優生對某類傑出人士的傳記特別感興趣，也特別有心得，則可以據以推測其興趣之所在。例如，當每位資優生都看愛迪生傳時，甲生特別有心得，且另外閱讀其他有關愛迪生的資料，則可以推斷其可能對科學感到興趣。

二、從傑出人士的訪問中試探其閱讀

安排資優生訪問傑出人士時，可由資優生自行選擇訪問對象。若資優生經常選擇某一類的傑出人士訪問時，也許可以推測其興趣之所在。假使安排數位資優生同時訪問一位傑出人士，則其興趣可以在訪談中表現出來，例如，對數學有興趣者，當安排訪問數學家時，將興趣盎然，而訪問音樂家時就不一定那麼有興趣了。

三、從安排參觀活動時也可以觀察資優生的興趣

在資優教育的校外活動中可以安排各種不同的參觀活動，例如

科學館、音樂廳、美術館或立法院時。對科學有興趣的學生在參觀科學館時將特別有興趣；對政治有興趣的資優生將特別喜歡到立法院去參觀，從參觀活動中可以觀察其興趣之所在。

四、從專題講座中觀察資優生的興趣

聘請專家到校做專題講座時，資優生在聽講時或聽講後的反應可以看出其興趣，例如，對藝術有興趣的資優生對科學的專題講座不一定感興趣，但對美術的專題則甚感興趣，從而可以了解其興趣。

五、對傑出人士的生平研究或座談中可以試探其興趣

在某一領域有傑出成就者，若資優生對該領域有興趣，將會特別熱切參與該傑出人士的生平研究和座談，從而可以了解其興趣。

六、其他如從名人記者會、名人之夜、成長計畫或生涯計畫中也可以觀察其興趣

在日常生活或活動中，只要教師稍加留意，也可以發現資優生興趣之所在。

當然資優生的興趣有單一的，也有多方面的，所以許多資優生都會在各種領域顯現興趣。吾人從觀察中可以發現資優生在主要領域和相關領域上的興趣，不過也不能忽略不相關領域方面的興趣。例如：某生的主要興趣領域是文學，則其相關興趣領域可能是藝術，但也可能在生物學上有興趣。教師在觀察時，不必限於一種興趣領域。若發現資優生有多種興趣領域，似可以進一步探討其可能之主要興趣領域，此種探討在資優兒童教育輔導上甚具意義。

　　資優兒童具有一種或多種優異潛能，因此，可能會有一方面或多方面的興趣。有些興趣可以立刻觀察出來，有些則須經短期或長期培養才能展現出來。若沒有給予接觸的機會，將無從發現其興趣，因此，資優生的興趣試探，在國中小階段，應使其有接觸的機會。要發掘資優生的興趣，第一步是平日的觀察。在安排資優課程時，可以促使學生在一般的探索活動中擴展他們的興趣，教師指導學生探究他們所感興趣的問題，使學生有廣泛的機會去發掘他們在各方面的潛在興趣。觀察的項目，如學生所關心的事物？學生所欽仰的人物特徵？學生時常提到哪方面的問題？選擇了什麼樣的主題？選擇了哪些相關圖書等等……，均能顯現學生的興趣傾向。

　　其次是用興趣量表工具來檢視學生目前和潛在的興趣。包括性向測驗、興趣調查表、問卷調查等，這些工具包含一連串假設的情境，用來探究、評析學生的興趣。

　　有時採用面對面的探詢方式，學生亦會說出他的願望，甚至說出喜歡的原因及理由。從探詢的結果可以推斷分析學生的興趣、喜好，作為學習的動力。

　　在發掘資優生的興趣後，為培養其主動學習的能力，依其興趣增進發展個人所需的知識、技能與方法，有時依興趣而專心於某一領域，以致學習上、態度上、興趣上有日趨狹窄的傾向。因此，除了原有的愛好領域給予充分發展外，也應包括相關領域的試探，以及無相關領域之試探，各領域間相互連接，超越本身狹隘的學習領域，以增廣見聞，奠定未來主動學習的基礎。

　　例如：在做興趣試探時，安排了「閱讀」活動。在「閱讀」活動中，觀察發現學生對科學方面很有興趣。那麼就以學生的興趣為出發點，來做充實的活動。但只做科學問題的探究，範圍太窄，因

資優必須具備一般基本能力，所以除了繼續發展與科學興趣有關的
研究外，亦須有科學為材料，設計有關語文方面的活動，以充實語
文能力，達到語文教學的目標；其他的能力培養亦然，從原屬（科
學）領域到相關領域，進而無相關領域。

　　如此，資優生不但可以健全基本能力，且在試探相關領域及無
相關領域時又可發現新的興趣領域。

參、找回好奇心

　　兒童從小就充滿了好奇心，資優兒更是如此，可是由於種種因
素導致好奇心逐漸喪失。例如，幼兒對每件事物都感到新奇，大人
不僅不能給予滿足，反而有時予以責罵，尤其對於好問的小孩，許
多父母親常常感到厭煩，在行為上、言語上往往壓抑了好奇的舉
動，其實，兒童好奇心正是積極主動之所本。對有興趣的事物產生
好奇，因好奇而主動探索，因主動探索而能發展積極主動的態度。
所以，要找回資優兒失去的好奇心，繼續給予激發，乃是培養積極
主動意願的良策。

　　資優兒進入小學之後，學校中許多事物都是新奇的，從讀書到
遊戲、從師長到玩伴、從上課到休息，樣樣都可能使資優兒童產生
新鮮感，此有賴師長的理解和提供，才不致無意中妨礙了資優生好
奇心的發展。

肆、能夠把握機會，願意擔負責任

　　資優生必須了解其資賦優異係來自於多方面的綜合。首先是父

母的優良遺傳，如果沒有父母親的好遺傳，則沒有資賦優異的根源，所以資優生應有感激父母之心。其次是父母及其周遭的重要他人給予適當的發展環境，使其先天稟賦得以順利成長，所以應該感激一切栽培他的人，包括兄長、親友、老師，以及其他關心他、協助他的人。再其次應該感謝孕育其成長的社會環境，除了人之外，環境變項也是資優生成長發展的關鍵因素，沒有適當的環境就無法培養天才。所以，就資優生而言，資優是來自於父母、教師、兄長、環境等一種優異的成長機會，使其較其他兒童可以學得更快、學得更多、學得更好，所以應該具有心存感謝之心。

但是機會並不等於成功，端視能否把握，且能否善加利用而言。如果資優不能把握父母所賦予的先天優異資質，對於教師的教導以及社會所給予的支持，則無法發揮其最大潛能而無法成為對社會有最大貢獻的人。因此，我們應設計課程，使資優生了解其資賦優異之所在，以及使其資賦優異發現之途徑，並能把握且能善用各種機會以發揮潛能，乃是資優教育的重要課題。

資優生從小就顯得較其他兒童優異，在功課上比其他同學好，在遊戲上常帶領遊伴，在競爭的活動中總是常勝將軍，在生活中總是領導者，易言之，常使其好勝爭強，鄙視同儕，對其人格發展和社會適應甚為不利。資優教育工作者應讓資優生了解其資賦優異是眾人所賜（包括父母），在心存感謝之餘應知所回報，也就是他有責任運用其聰明才智學習更多的智能，然後研究開發更多有益人類社會的事物，一方面達到自我實現的目標，一方面可以貢獻社會、服務人群。這種責任感的培養乃是資優教育的重要課程。下列活動可供參考：

㈠在閱讀活動中多選取社會貢獻者的資料，使資優者在閱讀中了解

貢獻社會的意義和方式。

㈡在名人講座或專題講座中提出對社會具貢獻的事件和心理感受，
以激發見賢思齊之心。

㈢在人物專訪中可特別安排社會公益人物，例如慈善家及宗教家
等，以了解其心路歷程，發展利他之心。

㈣安排社會服務的活動。美國許多資優教育計畫都有安排這類活
動，每學期或每學年有若干時間實驗社會服務，以養成其社會服
務的習慣。

㈤安排擔任班級或社團的幹部，給予為他人服務的機會，訓練服務
他人的方法或分擔責任的能力，享受服務他人的樂趣。

第三節　培養工作承諾的態度

壹、工作承諾的態度與自動學習的意願休戚相關，相輔相成、密不可分

　　兒童具有工作承諾的態度，自然對該工作比較願意去自動學習。譬如教兒童完成「造書架」的作業，兒童如果允諾要完成，且信守該承諾，那麼他就會有主動去學習如何造書架的意願。反之，如果兒童有主動學習游泳的意願，他也比較會承諾把游泳學會，二者關係相當密切。所以要培養資優生主動學習的意願，可從培養其工作承諾的態度著手。

貳、工作承諾的涵義

　　承諾是個人對組織、職業或個人價值等，產生認同、全力以赴、持續投入、奉獻忠誠等行為特質（Tyree, 1991）。而資優生的工作承諾，包括強烈的內在動機，對感興趣之主題、工作、學習等會自動自發地產生強烈的認同感；也會主動地投入大量的時間和精力專注於其中；為力求完美，會固執自己的信念，全力以赴；不論遭遇任何困難與挫折，不論作品的成敗與否，皆能自我肯定（呂勝瑛，民 71；Bloom，1982）。

　　Kowaiski、Stipek 及 Daniels（1987）等人所編製之動機檢核表

（motivation checklist），其內在動機部分的題項，與工作承諾的涵義非常契合。茲列述內容如下：

㈠個人樂於學習，並接受挑戰。

㈡主動發問、求知。

㈢一旦投入學習，不容易停下來。

㈣主動啟迪自己學習。

㈤喜歡追求相關的智能活動。

馬斯洛（Maslow, 1970）動機需求理論中的最高層次是自我實現的需求動機，與此工作承諾的意義相近；而工作承諾者亦具有自我實現者之特質（陳仲庚、張雨新，民 78）。劉秋燕（民 83）歸納這些特質如下：

㈠**準確而充分地知覺現實**

工作承諾者能夠真實地看待現實，且有效地預見未來，對外界的觀察極為客觀。

㈡**自發性、單純性和自然性**

工作承諾者有流露自己真實感情的傾向。

㈢**自主的獨立於環境和文化的傾向。**

工作承諾者較依賴自己內心世界，較少依賴外在世界。

㈣**持久的欣賞力**

工作承諾者能繼續以志趣和愉快的心情，體驗生活與學習的事件。

㈤**強烈的審美感**

工作承諾者沒有約定俗成的對與誤的觀念，他們擁有自己的美學意義。

但是阮汝禮（1986）認為工作承諾與一般所說的動機並不相

同,所謂工作承諾,是主動完成目標的一種堅持力、統整力、驅力、熱心、勤奮、專注、奉獻的精神和內在的動機。他進一步闡釋如下:

㈠表現高度的興趣、熱忱,並持續的投入努力。

㈡表現出堅持的耐力,有決心的、努力和奉獻精神以為實踐的能力等。

㈢堅定的自我、實踐能力的自信和追求成就的動機等。

㈣具有正確判斷與創新發展的能力。

㈤對目標設定高標準,對自己和外在的批評持開放的態度,發展美感與追求卓越等。

具有工作承諾者,表現對工作(task)的投入,而不是對成果的熱中而已,他們在工作(task)的過程中獲得滿足和快樂。總之,資優生的工作承諾,乃是資優生在進行工作或學習時,承諾下定決心去加以完成,可分析包括下列特質;⑴樂在工作和學習;⑵主動求知;⑶熱忱勤奮努力學習;⑷堅強毅力,持續有恆;⑸肯定認同;⑹專注投入,全力以赴;⑺犧牲奉獻,不計名利;⑻自決自信。(參見圖 4-2)

參、培養資優生的工作承諾態度

要培養資優生工作承諾的態度(劉秋燕,民 83),可依據前節分析之特質,設計課程積極加以培養。其要點如下:

㈠培養樂在工作和學習的精神

要培養資優生工作承諾的態度,首先必須使其能夠樂於學習和工作,對工作有興趣才能產生持久的效果。其重點如下:

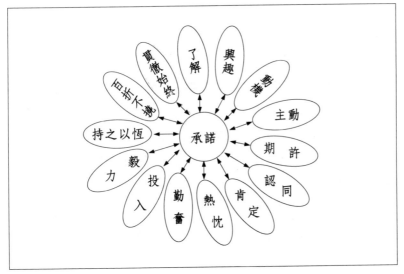

圖4-2　工作承諾特質分析圖

1.讓兒童深入了解所從事的學習和工作。

2.看重自己所學或所從事的工作。

3.讓學習工作和自己的興趣、專長相結合。

4.讓學習工作有優異的表現和成功的喜悅。

5.使兒童知道如何運用所學於實際情境中，以解決實際問題。

㈡激發主動求知的態度

　　工作承諾者對其所從事的工作較能主動求知。惟對資優教育來說，應先培養其主動求知的精神，以期達到工作承諾的目標。其方式如下：

1.樂在工作和學習可能使其主動求知。

2.對合乎其興趣、專長的主題，較能激發資優生主動求知的態度，因此，研究主題應合乎其興趣、專長。

3.利用同儕力量相互勸勉。

4.適時給予獎勵。

(三)熱忱勤奮努力學習

　　能夠養成資優生樂在工作和興趣，又能主動求知，必能熱忱勤奮努力。其他如提供學習的環境與設備，安排優良教師啟發其學習興趣，採取充實與補救並用的策略，以保證其學習成功，運用其典範良師制度，以發展其特優潛能等，都是可行的方法。

(四)堅強毅力，持續有恆

　　此為學習成功的重要因素，若無堅強毅力，且不能持之以恆，則將無法面對困難、忍受挫折，因而半途而廢、功敗垂成。吾人雖可設計特殊活動以磨鍊其意志力，但是，最好在日常生活或功課中來實施，較為實際有效。例如：

1.自兒童從小吃奶開始，必須吃完才能改變活動，稍長後，吃飯的訓練也應相同，不吃完不可停止。

2.遊戲時，必須有始有終，不可中途隨時改變玩法。

3.遠足郊遊時，必須到達目的地，不可中途折返。

4.玩鞦韆或必須輪流的遊戲時，必須能夠耐心等待。

5.做功課時，不論多難或多複雜，必須有耐心、有毅力持續進行，直到完全學會或解決。

6.在學習過程中，如果遇到挫折，教師應鼓勵其繼續努力，提供協助解決的途徑，使能自行解決問題。

7.能設定較高的目標，且能利用各種途徑，尋求達到目標的方法，全力以赴，達成目標。

(五)肯定認同

　　資優生對其所從事之學習或工作，必須能夠自行加以肯定和認

同，才可能產生工作承諾。下列活動可供參考：

1. 讓資優生重視其學習工作，肯定其價值。例如音樂資優生能夠肯定音樂的價值，認同音樂家的貢獻，才能產生工作承諾的心向。

2. 使資優生相信其所學習或所從事的工作對自己潛能的發展有助益，未來對人類社會有積極性的貢獻。

3. 喜歡和相同資優者一同學習，一同工作，也喜歡結交相同資優的朋友。

4. 喜歡選擇相同資優的傑出人士做典範良師。

5. 不會對其資優特質有自我貶低的情形。

㈥自決自信

工作承諾的資優生對學習工作較有信心，較能依據自我判斷做自我決定。下列活動可培養資優生自決、自信之心：

1. 對於生活上的安排，讓資優生有自我決定的機會，不要事事由父母做決定。

2. 教導兒童對於須做決定的事項，可先徵詢他人意見後自行做決定。

3. 在學習上讓學生有自我選擇的機會，教師應盡量尊重其選擇。

4. 相信學生的能力，讓他有獨立完成的機會。

㈦專注投入，全力以赴

此為工作承諾者最主要的特質，具有這種特性的資優生，無論在學習上或工作上都能有很高的成就。

專注是一種注意力集中在某種刺激的狀態。當資優兒童在清醒的狀態下，許多視、聽、觸、味等感覺刺激都會進入他的感官之中，在他的腦海中形成了各種知覺、思維與意念。如果他不能專注，必然會三心二意，無法集中注意力去完成一件事情。培養資優

生的專注力，就是教導他從許多刺激中選擇一件最相關、最有價值或最有興趣者加以接受處理，俟完成後再進行其他刺激的活動，例如甲、乙、丙三人同時和他講話，電話鈴聲同時又響起，他最好只選取一件加以反應，等處理完畢後再進行其他活動。

一般而言，感、心、言和動四者有相互因素關係，當刺激來了就產生感覺（如看到有人打球），就會引起思維（如叫他不要打，以免妨害他人安寧），進而出言制止，如仍不聽，就過去相勸；惟順序並非一定的，例如先想看風景才抬頭看風景，有時先摸摸看才產生觸感。不過，思維之速度快於言語，而言語又快於動作（如寫作），所以，言語和寫作常常趕不上思維。

培養專注力就是當你想說話時，想和說要相互配合，平時，先有思維隨之而說話，但是說話時，思維要回過來以配合說話，才能專注的說話。否則雖不致語無倫次，也可能會語句或語意不相銜接，別人可能聽不懂他的意思。寫作時，常是先思而後寫了出來，也就是用筆把所想的寫下來。可是要想專注地寫，就必須讓思維的速度跟著寫作的速度走，否則會寫錯字或落字。至於體會感覺時也應思維並用，才不致食不知味。

訓練專注力可以設計特殊課程，如劉秋燕所設計的培養工作承諾課程，也可以在日常生活中或日常上課中來訓練。下列活動可供參考：

1. 晨跑時，能眼到、心到，動作也到。易言之，心中想著跑步，眼看著前方，切切實實地跑步。

2. 看報時，眼到、心到，眼看著新聞，心中想著新聞，不做他想。

3. 吃早餐時，眼睛看著食物，心中想吃什麼食物，手持著筷子就夾那種食物，不一邊吃一邊想別的事情。

4. 出門穿鞋時，先想好穿那雙鞋，眼看著那雙鞋，伸手拿來穿上，就不會拿錯，或左右鞋穿反了。

5. 出門騎車或是走路時，專心騎車或走路，不一邊走一邊唱歌或東張西望，以免踏入水坑之中。

6. 上課時專心聽課，耳到、眼到、心到。一旦心有二用，立刻召回，使能專一。

7. 做作業時，眼看著作業，讀出作業，想著解法，手跟著把解法寫下來，必要時也可以唸出來。

8. 睡覺時，集中注意在呼吸上，必要時也可以數羊的方式以求專注，使心、眼、耳、口均不起作用。

9. 下棋時，必須專心下棋，即使不如人也要專心為之。

10. 球賽時，要專心打球，不可邊打邊想著別的事情。要做到眼到、心到、手到而非口到。

11. 同時呈現給資優生不同刺激，讓他立刻選取其中一種，專注的接受並給予反應。例如左右耳機各送進某種音樂或語言訊息，要他專心選取其一而反應之。

12. 同時投給資優生數個球，讓他只選取其中之一接住，要反投回去。

㈧犧牲奉獻，不計名利

　　工作承諾的資優生往往不計名利得失，為理想而犧牲奉獻。較不自私，富利他傾向。為使資優生能不「力惡其不出於身也，不必為己」，而有服務社會大眾的精神，應培養其能犧牲奉獻不計名利。其方法如：

1. 多參觀孤兒院、養老院或拜訪慈善家及宗教家，了解善行之可貴及為善最樂的道理。

2.閱讀有關慈善事業，善行義舉，以及服務人群的精神。

3.安排參與服務社區，貢獻社會的機會。

4.把自己用過而不再用的東西拿出來義賣，並捐款給慈善機構。

多湖輝（1993）認為注意力不能集中可能有下列因素：(1)缺乏動機；(2)環境影響；(3)焦慮不安；(4)疲勞。因此，要想使注意力集中，可以針對上述四項，採取下列適當措施：

㈠激發動機

1.限定在期限內完成工作或課業學習。

2.具體想像達成目標後的報酬：例如做完功課後可以看電影。

3.訂定明確的目標可以引發動機或意願。

4.分段學習，由易而難，製造成功的經驗。

5.先找有興趣的工作做，再於工作中培養興趣，以遊戲的心情來工作。

㈡改變環境或提升環境品質

1.離開日常生活的空間，選擇可以集中注意的場所、時間和姿勢。

2.使周圍環境單純化，以免分散注意力。

3.在身邊放置標的物。例如網球選手可在身邊放一顆網球，使自己經常把注意力放在網球上。

4.速度的聲響、光線和色調有助於集中注意力。過度安靜無聲或強光照明將不利於注意力的集中。

5.善用零碎時間。

㈢消除不安，祛除疑慮

1.將未完成的夢記在備忘錄上。

2.暫時不要太在意人際關係，否則有時會焦慮不安。

3.以不同的替換工作或改變預定表的順序來消除焦慮，藉以集中注

意。

4.嘗試採取習慣的方法可以消除不安的情緒。

5.用白紙列入思考的事項或想做的事項，可以理出注意力不能集中的原因。

6.「把話說出來」可以消除不安。無法集中注意力，不妨暫停工作，通盤檢討。

㈣消除疲勞

1.適當的休息。

2.適當的運動。

3.做完高度注意力集中的工作後，應徹底休息或遊戲。

　　資優帶給資優生更多學習、成長、發展的機會，所以可能會比其他兒童有更高的成就，但是，千萬不可使其驕矜自滿、自尊自大，應使其知所感恩、知所回饋。以其卓越之聰明才智和優異成就服千萬人之務，造千萬人之福。易言之，使其了解機會和責任的相對性，有更大的機會就應該有更大的責任。下列活動可以讓資優生了解機會和責任相對性的道理：讓一小組資優生做一群在沙漠中行走的旅行者，他們都迷了路，沒有一個人知道如何找到路，正在徬徨中，天空突然傳來神的聲音，告訴他們將會從天降下一粒仙丹，誰吃了之後便可以飛駛如電，可以探出正確的道路，但必須帶領他們走出沙漠，否則他的神力就會消失而再度迷路。說完之後，突然天上落下一粒仙丹，他們當中的一位得到了吃仙丹的機會，也負起了神所指導的責任，終於大家都脫險了。

　　其他如聰明但自私自利的小朋友的下場，樂於助人的資優生的好結果等故事或活動，都有助於培養資優生「機會與責任」的觀念。

第四節　培養主動學習的意願

壹、主動探索是幼兒的特性

　　資優兒的主動學習意願可說是與生俱來的。這並不是說主動學習的意願是天生的，而是說如果我們仔細加以觀察，你就會發現：資優生一出生就會主動開始探索外在的世界。固然初生嬰兒大部分時間仍在睡眠中，但醒著時就開始主動做各種感官的探索，這並不需要父母教導。因此，在這個階段，父母的重要任務是如何保持其高度的主動探索意願，同時，提供適當的刺激，以滿足其主動學習的願望。

　　當資優兒張開他（她）的眼睛，環視其周遭世界，探索第一道場景時，父母的眼光常常是最有力的誘因，資優兒固然可以主動地探索周遭的美景，但是卻逐漸地發現父母的眼光是最可愛的，因為他隨時伴隨著愉快的笑容和滿足的經驗。許多研究證明：嬰幼兒時期親子目光的接觸對其知能的發展有很大的影響，尤其眼光接觸時的神情更是重要。當嬰兒能夠以其視覺主動探索周遭環境時，父母應盡可能提供嬰兒滿意的視覺經驗。

　　對嬰幼兒而言，聽覺經驗的獲得，無法像視覺一樣可以閉起眼睛，即使在睡眠狀態下仍可能無法拒絕聽覺刺激的侵入，因此，無法主動做某些選擇；故父母親更應注意嬰幼兒對於聽覺刺激的不同反應，以預測其好惡而提供其願意主動傾聽的聽覺經驗，例如：嬰

幼兒聽到某些聽覺刺激就顯現出愉悅的神情，這種現象也許可以提供成人某些線索，協助他（她）們發展主動傾聽的習慣。

親子肢體的接觸是非常愉快的觸覺經驗。嬰幼兒出生後所感受到的父母擁抱和肌膚之親，很快讓嬰幼兒主動地張開雙手去探索新的世界，待其身體能夠由翻滾到移動之後，其生活領域擴大了，更能主動地探索周圍環境，開始試著發展或學習一些新的技能。一些父母不經意地限制了嬰幼兒的活動，也限制了其主動發展的可能性。兒童主動探索的意願一旦被阻斷，因而事事被動，則在未來的成長發展過程中，將難於培養主動學習的意願。

兒童在二、三歲之後，由於活動空間的加大和活動能力的增強，對於許多事物都要一探究竟，因此常常被視為破壞性強的小孩，許多父母總是加以阻止而未能提供主動探索的管道，抹殺了其主動學習的意願。

資優兒進入正式的學習階段之後，由於學習的工作愈多愈複雜，難免會有某些學習方面的困難，無法樣樣皆佳，教師、父母若不能了解這一點，而認為資優生一定要樣樣學，那麼必然使資優生無法達成親師預期的目標，因而喪失主動學習的意願。

總之，培養資優兒主動學習的意願並非加入了資優計畫才開始，兒童一出生就應該提供優質的視、聽和觸覺經驗。兒童開始擴展探索範圍和進行學習活動後，我們應該提供其成功的、滿足的探索經驗，才能保障其與生俱來的主動學習意願持續不衰。

貳、依興趣領域設計活動

資優兒童要想在未來漫長的人生旅途中成為一位成功的傑出貢

獻者，必須養成主動學習的精神、態度和習慣。嗣後不論在學習上、研究上或工作上能積極主動，而其要點乃在有無積極主動的意願。

要培養資優兒童主動學習的意願，首先應使其認識自己的資優並發掘其興趣之所在，再輔導其依據興趣進行研究，以發揮其最大潛能，進而培養積極進取的自我觀念。這種以學生為主的學習活動，讓學生對學習活動有機會作自我決定，他們才能知道自己需要什麼，才能主動去追尋。本階段的學習活動主要包括三大類。第一類屬於自己的興趣領域的學習內容，也就是所謂「興趣領域」。許多學生已確知自己的興趣領域，但可加以深入探討，以求充實。當然，仍有許多學生須經多方試探後才能了解自己的興趣領域，則可給予試探的機會。第二類屬於和自己的興趣領域有關的學習內容，也就是所謂「相關領域」。許多資優生由於太過分集中精力於自己的興趣領域，致忽視了相關領域的試探，以此為充實活動，可以擴充其學習領域。第三類屬於和自己的興趣無關的學習內容，稱為「新領域」，或「無關領域」。當學生在興趣領域和相關領域中進行學習活動時，不妨讓學生試探新的領域，也許經過試探之後，又可發現新的興趣領域。

本節安排(1)研討活動；(2)試探活動；(3)調查活動；(4)文化活動；(5)服務活動；(6)探索活動等課程，期資優生從活動中認識自己、認識資優，發掘興趣和工作承諾的態度，以及積極進取的自我觀念，進而養成積極主動的學習態度。

一、研討活動

資優教學可安排一連串的研討活動，例如名人主持的研討、專

題研討等，都可以讓資優生把自己學習的心得經驗和他人分享，也可以分享他人的經驗。安排研討活動的主要目標如下：

1. 學生可以了解研討座談的基本架構。

2. 學生能夠規畫並執行研討座談活動。

3. 學生應能評估研討座談會的成效。

4. 學生願意主動參與研討座談。

5. 從研討中認識資優、發掘興趣、工作承諾和積極的自我觀念。

㈠研討活動的過程

研討座談的人數不宜超過十名，從主題的選定，資料的收集，研討座談會的準備，會議的主持和進行，結論的決定對資優兒童而言都是一種很好的學習經驗。研討座談可分三部分：(1)引言；(2)討論；(3)結論或評論。

1. 準備工作

研討座談會的準備工作，可由教師指導學生來實施。將學生分成五至十人一組，分別收集資料，規畫研討座談會的活動。研討的主題可依學生之興趣區分為下列各類：

(1)未來性：針對未來的學習所需之各種知能、技術等。

(2)衝突性：選擇本質上衝突之事項為研討座談之主題，可以激發學生分析綜合、批判的思考能力。

(3)問題性：以當前社會所存在的問題為研討主題。

(4)興趣性：以學生的興趣事項為研討主題。

(5)知識性：以較高級知識為研討主題。許多資優生對較高層次之知識甚感興趣。此種安排，便於資優生從事較高層次知識之追求。

選定主題後，讓學生有一段收集資料的時間。

2.研討座談

　　完成準備工作後，學生將計畫大綱送請教師指導，包括研討主題、時間、資源利用、成員、聽眾等。經教師同意後，可張貼布告，邀請有興趣人士前來參加。研討座談會可由同學互推一人為主席，一人為記錄，必要時可邀請專家為講評人。研討座談會主要包括三大部分：

　　(1)事實的呈現：可由一人或數位同學為引言人，將調查研究所得的基本事實或訊息呈現給參加人員。呈現方式可包括講述以及各種媒體的運用。可供其他參加人員討論的基礎。

　　(2)研討：參加人員可就引言人所報告者以及其他與主題有關者提供意見或提出問題來研討，此時，主持人應利用各種方式激勵發言，同時引導研討方向和維持秩序，以利進行。

　　(3)結論：研討之後，可由主持人依據參加人員發言結果加以歸納做成結論，最後請教師講評。

　　研討活動的安排，可依不同學科領域分別進行。順序可依兒童所屬班級的課程內容而定，例如，當國語課中某教材對資優生甚有助益，且容易選取適當資料、書籍，或聘請適當人選，則該次研討內容以選取語文材料為宜。當然，有些語文課中仍不乏適當的科學或藝術教材，則可選取科學或藝術項目做為教學內容。

(二)研討方式

　　研討活動可包括下列方式：

1.邀請專家主持座談

　　依據各週進度，每二週邀請各類專家演講並主持座談。研討座談由資優兒童擔任主席，另推記錄一位。專家演講後，由各資優生提出疑問或看法，如有不同的意見也可以提出，但應注意說話禮

貌，最後由主席做歸納。教師在研討座談進行中宜特別注意學生發言情形，從而逐漸發現學生不同的興趣。也可發給學生興趣調查表，以了解兒童興趣之差異。

2.專書研讀並座談

　　配合課程的進行，每兩週選取相關書籍一本供學生研讀，於次週就該書研讀結果舉行座談。仍由兒童輪流擔任主席、記錄。兒童就研讀結果提出心得報告及獨特看法，教師從旁觀察其興趣之所在，以發掘學生興趣，便於進行輔導。

3.名人或典範良師的訪問座談

　　資優兒童可依自己的興趣選定適當名人或典範良師加以訪問。訪問結果可在座談會中加以研討。主席及記錄亦由資優兒童自行擔任。教師可從兒童選定的名人或良師，及其在座談中的發言可以了解其興趣傾向。

4.收集分類

　　每位學生發給一本資料夾，允許資優兒童收集自己喜歡的材料並加以分類放置，經過若干時間之後，教師可以從兒童收集的資料中了解其興趣。

二、試探活動

　　每位兒童都有好奇心，資優生亦然。滿足其好奇心的最好方法就是安排情境，讓他去試探。本項活動可達到下列目標：

1.學生具有自行選擇有意義之主題的能力。

2.學生能完成團體與個別試探活動。

3.學生能將所學及如何習得等事項向班上同學報告。

4.從試探活動中可以激發資優生主動學習的動機。

㈠團體試探活動

團體試探活動之目的,在協助學生體驗如何選題,如何試題或解題,以及如何將結果向該團體報告,然後以腦力激盪方式討論此種試探活動之益處。

團體試探活動之前,學生應已相互了解,已習得應有之技能、觀念和態度,亦已知自己的興趣領域;然後團體共同決定擬試探之領域。其內容宜盡可能寬廣,以利各成員共同試探;例如「電腦科技」、「搖滾樂」、「今日世界」、「明日的生涯活動」等。

決定主題之後,各生以三天時間收集資料。然後將各人所收集到的資料向團體提出報告,並且所得之資料及資料來源表列出來,其目的在使學生了解從不同的來源收集資料的重要性。

㈡個別試探活動

團體試探活動後,各生可以自行選擇一項主題進行個別試探活動。這個個別試探活動和「深度研究」很相似,只是在時間上、方法上、技能上不必那麼專精而已。

在教師輔導下,各生以五天的時間進行三到五項個別研討。重點在使學生試探各種不同的資料來源,而非要求得到結果。

最後,各生彼此交換個別試探之經驗,尤其是如何從不同來源得到資料的方法,也可將所得到的資料提供出來。

㈢結束活動

透過上述的活動,學生可以試著接納團體試探和個別試探所得之資料和訊息,並使了解這種試探活動乃是培養學生成為一位主動學習者所必須。

三、調查活動

　　資優生對於未知的問題都有想去探求答案的強烈動機。調查法是探求未知的一種方法，所以可以藉調查法來引起資優生主動學習的動機和意願。此外，調查活動可以讓資優生了解調查歷程，訓練其調查方法，並用以探求新知。

㈠確定調查目的

　　進行調查活動之前應先確定調查目的，為配合本節之目的，調查活動可與資優概念、興趣能力、工作承諾和自我觀念相結合。

㈡決定調查對象

　　不同的目的就會有不同的調查對象，教師應輔導資優生依據其調查目的，決定調查對象。

㈢草擬調查計畫

　　學生先選定主題，再草擬調查活動計畫草案，送請教師指導。調查計畫草案大綱如下，可供參考。

1. 主題名稱
2. 簡單說明
3. 調查目的
4. 調查活動
5. 調查時間
6. 人力物力資源
7. 預期成果
8. 展示對象
9. 評估活動

㈣進行調查活動

　　各生完成調查計畫並經教師同意後，就可開始進行活動。在調查活動過程中，隨時可將計畫做必要的修改。每週應向教師報告調查的進度以及有關事項。調查活動完成後可向有關對象提出報告，惟宜在一週前宣布，以利適宜對象參加，參加的對象應包括其他教師、行政人員、父母及社會人士。

四、文化活動

　　和生活有關的文化活動，常常是資優生所樂意參與的。例如音樂資優生非常願意參加音樂活動，其他如美術、舞蹈等資優生亦然；所以透過文化活動可以培養其主動學習的意願。此外，本活動應該讓資優生了解文化活動的意義，並能設計、參與，以及評估文化活動。

　　由於課業繁重，學生很難有機會了解社區的文化活動層面，它可使學生了解社區內正在進行的各項活動。各生每學期至少應參加三項不同的文化活動，學生對文化活動應有事先的計畫和事後的摘要報告。文化活動包括參觀博物館、觀賞戲劇、音樂會、參加演講會，以及參觀其他名勝古蹟等。除參觀外，如能了解活動安排過程，對資優生更是有利。

　　各生完成三項不同文化活動，全體同學可以共同設計一項文化活動，以大家能參加為原則。也可以餐會方式來結束，教師應盡可能參加。

五、服務活動

　　許多資優兒童可以從為他人服務中得到回饋和樂趣；因此，資

優生更願意學習為人服務的知能。例如：衛生服務隊的資優生，為了提供社區環境上的服務，必須先行學習有關社區環境衛生的知能，因此，可藉服務活動培養資優生主動學習的意願，同時可以了解社區服務的觀念和樂於參與服務活動。

　　阮汝禮以「對社會的長期貢獻」來界定資優兒童，因此，資優教育應強調其社會責任，服務人群的觀念。也就是　國父所說的，聰明才智大者要服百萬人之務，這種服務的人生觀對資優兒童尤其重要。

㈠人道主義

　　主動學習模式的重要理念之一，就是提供經驗，讓學生了解自己以及其與他人之關係。本單元之活動旨在協助學生了解人道主義與人道主義之行為。各生可找一位熱心公益、熱忱服務的善心人士（人道主義者），研究其想法、看法、做法，然後全體資優生交換研究結果，共同以腦力激盪術討論出資優者的共同特徵。並將善心人士之名單及其作為表列，做為以後教學活動之用。

㈡實地服務

　　各生必須在一學期中從事二項實地服務活動。研究善心人士的活動結束後，各生可集體或個別設計實地服務計畫，服務時間小學至少廿小時，國中至少卅小時，高中至少四十小時。服務的方式包括老人服務、貧困服務、童軍服務、紅十字會服務等。服務計畫宜先送請教師同意。

　　本單元可以了解學生對服務的理念及其實地服務的成果做為結束活動。

六、探索活動

　　探索活動也是滿足資優生好奇心的一種重要活動，其內容可包括試探活動、調查活動及文化活動。探索活動和試探活動不同之處，在於試探活動只限於某一課程領域，屬班級內活動。探索活動多為戶外活動，屬綜合性。本活動應能讓資優生自行設計探索活動，並能做好探索前之準備，探索中之安全與要領，以及探索完畢後之評估。

　　人類一邊回憶過去，一邊朝向未來，尤其在此知識爆炸的時代，未來的變動至鉅。雖然我們不知道未來如何，但是我們可以預測，而且可以相信，未來一定有些我們所想要的目的。如果我們所教給學生的都是我們所知道的，而且學生所學到的，也僅止於我們所學的，那麼，我們永遠不會進步，本單元的設計就是讓學生了解探索未來的重要性。

㈠探索前之準備

　　有意參加探索活動之家長、教師和學生，在學期開始時便集會商討是否舉行或參加探索活動。本單元可讓學生有設計探索活動，參與探索活動，和活動後的整理工作等有意義的經驗。商討事項如下：

1.是否舉行探索活動？

2.目的何在？

3.為什麼參加探索活動？

4.從這次探索活動中可以得到什麼？

5.探索活動之前後可以有哪些學習經驗？

　　本單元可以分成三部分。第一部分是準備工作。此時，學生應

先決定希望在探索活動中研究什麼？再決定何處可以從事這種研究活動，要有哪些準備工作？由學生籌畫，教師從旁輔導。

㈡探索活動之實施

　　準備工作完成之後，利用適當時間（如春假）進行探索活動，家長、教師均可參加。活動進行中，由學生做必要的決定，除非必要，否則教師不做干預。如遇危險情況，教師立刻接替領導責任。

　　探索活動可包括地形、地質、地理環境、建築、文化設施等各項活動，甚至了解大都市工商業活動情形，對資優生而言都很有意義。

　　探索活動結束後，隨即召開檢討會，討論重點包括學術事項與團體歷程，檢討結論對資優生未來之生涯探索甚有助益。

第五章

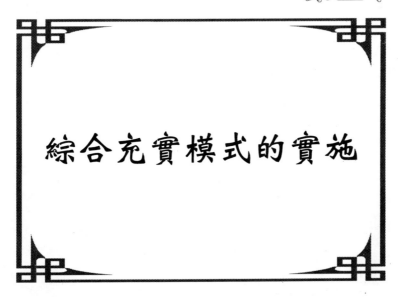

綜合充實模式的實施

第一節　普通教育課程

壹、普通教育課程應與技能教育課程以及情意教育課程三足聯立，相輔相成

如前所述，資優生除部分優異特質需要特別培養外，其餘大多和普通兒童相近，甚至在某些方面還不如普通兒童。所以資優教育課程應包括教授一般知識的普通課程，訓練學習方法的技能課程，以及培養專注力和主動學習的情意課程，三者應予並重。以普通課程為基礎，提供訓練學習方法和培養主動學習的教材。反之，學習方法的訓練和主動學習態度的培養也有助於普通課程的學習。至於方法訓練和情意教育之間的關係更是密切。擁有學習方法才能主動學習。

貳、普通教育課程以在普通班級中和一般兒童一起學習為宜

綜合充實課程的教育安排除少數抽離的時段接受資源教學外，大部分時間都讓資優生在普通班級中上課。資優生的普通教育課程可在普通班中和一般生一齊實施。惟資優生部分科目可能早已學會，或是很快就學會，級任老師要有此種體認而在普通班中做某些特殊的安排。千萬不可要資優生無聊地等在原地踏步，和一般生皆

一樣的內容，完全做一樣的活動。尤其不可因為資優生的踴躍發言，熱烈參與，奇特的思想和「怪異」的行為而給予否定、處罰，或對於其能力不足或表現不佳的科目給予嘲諷，如「你是資優生怎麼連這個也不會！」這是對資優生不了解的教師和同學常做的批評，對資優生傷害很大。普通班教師可以將資優生和一般生融合同地受教的情形當做教學改進的起點，讓資優生有不同的作業和學習方式，使他能夠因應需要自主學習，將可使教學活潑化、彈性化，達到適應個別差異的目的。教師也可以很技巧地安排資優生為班級學習的楷模，或帶領小組的領袖，其成就也可以做為其他同學的標竿，不過，不宜過度強調，以免成為班上不歡迎的對象。

第二節　行政安排

壹、全校的安排

　　欲有效實施綜合充實模式，要全校在校長的領導下做適當的安排。首先成立全校性綜合充實模式推行委員會，若全校教職員人數不多，可以全校員工均參加，若學校規模較大，則可推選有興趣的委員參加，校長、各處室主任為當然委員，以利行政支援，其他委員可由教師選出，以收集思廣益之效。其次舉辦實施綜合充實模式研討會，利用教師進修時間全校教師均參加，以建立共識，除邀請專家學者演講指導外，必要時也可安排參觀已實施的學校，並與實驗的教師們深入座談，以切實了解本模式的優點及做法。

貳、全年級的安排

　　中等以上規模的學校（每年級有五班以上者）若以每班二位資優生估計，可以成立一個教學小組。則全年級教師能利用學年會議的時間討論有關教學時間安排事宜，希望能夠抽出共同時間（每週二至四小時）以利資優生的小組研討活動的進行，有共同事項時，希望能夠取得一致的意見，才不致造成教師和資優生的困擾。

　　規模較小的學校可採取年級混合編組的方式，如三、四年級或五、六年級合編成一研討小組，也可以達到相當的效果。

參、全班的安排

　　由於每班可能只有一、二位資優生參加綜合充實方案，導師盡可能不讓資優生和其他同學之間有異樣的感覺；必須抽出時間去參加小組研討活動時也應盡量自然。不過教師應在教學過程中提出一些適合於資優生程度的作業，其他同學也可以作答，然後由資優生向全班同學說明作法，如此可使雙方都有利。

肆、學校─家庭間的聯繫

　　資優兒童的教育工作，有賴學校與家庭的合作，尤其綜合充實模式更需要家長的配合。年級性的資優家長聯席會的召開有其必要，使家長知道如何配合學校的措施。例如資優生獨立研究時家長應如何協助，教學態度應如何等。

伍、資優生甄選小組的成立

　　為甄選資優生宜成立甄選小組。業務可由輔導室或教務處主政，有評量專長的教師優先參加，導師和有專長的教師也應參加。

陸、組成教學團

　　本方案之教學活動可由學校教師、社會人士及家長等組成教學團。教學團包括指導教師每小組一人、專長輔導教師若干名、家長

及社會人士可做為資源人物。指導教師負責整個教學小組的規畫指導，專長教師則在專題研討時列席指導，所有教學團成員以採志願為宜。

第三節　資優生的甄選

壹、甄選方式

　　本模式旨在培養資優生成為對社會有長期性貢獻者，所以將普通能力、特殊能力、創造力、社會能力和情緒能力等列為資優生的重要條件，也是輔導發展的目標。教育先由級任教師及家長就上列五個條件審慎觀察後提出適當人選，再由甄選小組的測驗評量或面試等方式進行甄選，甄選方式可以有相當的彈性，完全視學校規範大小、甄選工具之有無、教師之專業修養以及未來教學重點而定，如果學校太小，又無適當的智力測驗及其他測驗工具，則教師可據學業成績及觀察量表結果予以推薦，甄選小組也可採取比較動態的方式進行，不必拘泥於紙筆測量。如果有全區性的資優生甄選工作，則可利用此機會參與甄選，否則學校可以自行辦理。如果學校規模太小，又無全區性甄選資優生的活動，學校也沒有適當的標準化測驗，則未曾不可考慮學生的學業成績，加上教師的觀察、父母的推薦，再經小組的面試，也可甄選出初步的學生，如此才能適用於不同規模和情況的學校。

　　甄選時，要上述五條件具備實有困難，本模式認為普通智力可優先考慮，此由成績表現可供參考、次為創造力，主要因為創造力測驗的標準化尚未成熟，且創造傾向及創造技巧似可藉助於後天的培養。最後觀察其社會─情緒能力，此項測驗之標準化更尚在起步

階段，信度、效度都有待進一步建立，而且後天培養的可能性相當高，因此，與其做為甄選條件，不如當做教學要項，加以培養。

貳、甄選工具

　　一般甄選資優生之工具都可採用，如團體智力測驗、比西量表或魏氏智力測驗等個別化測驗都可應用，茲分述如下：

㈠教師觀察紀錄表：教師如隨時注意，應可收到許多可貴資料。

㈡同學相互反映表：同學日久相處，可以真實反映各種能力，對甄選很有幫助。

㈢家長意見表：許多家長都會過度誇大，但許多家中生活情形的資料頗有價值。

㈣各種成就測驗。

㈤各種團體或個別智力測驗、創造力測驗。

㈥學業成績表現。

第四節　課程安排

壹、課程目標：培養主動學習的資優生

　　資優教育的目標首在培養學生主動學習之精神，而資優兒童主動學習精神的陶冶，有賴健全自我觀念的建立，獨立學習技能的發展，以及主動學習意願的培養。故本模式始之於：(1)陶冶積極主動的自我觀念，繼之以(2)發展獨立學習的技能，同時輔之以(3)培養主動學習的意願，俟獨立學習技能獲得，又能依據興趣選定實際問題後，資優兒童已有(4)主動從事深入研究的意願和行動。此時，資優兒童已成為一位主動學習者了。易言之，資優兒童和一般兒童一樣，主動學習的精神不是與生俱來的，需要有計畫、有步驟的加以培養。也不是一進入資優教育計畫就會成為一位主動學習者，而是需要長時間的培養。我們的責任是提供學習的機會。

　　由於傳統社會價值的影響，我國各級教育一向重視知識的傳授，資優教育亦然，由於過分偏重認知學習的結果，集中式的資優班和分散式的資優班都以學科教學為主要學習活動。因此，級任教師和資優教師的協調配合常發生不少的困難，本課程模式期盡量減少干擾兒童正課的學習，以最少的課外充實學習活動，發揮最大的資優教育效果，培養資優兒童主動學習的精神和能力。

　　總之，如圖 2-3 所示，綜合充實制資優教育模式包括了過程導向、內容導向，和結果導向的三種充實方式。以興趣的發掘和積極

的自我觀念的培養來激發主動學習的意願，再輔之以學習技能的發展和研究方法的訓練，使資優生有能力從事於實際問題的研究，如此才能成為一位主動學習者。此時，他已具備了高智力、高創力（或高層思考力），和高工作專注力等三項條件，可以預期其對社會未來會有長期性的貢獻，這就是資優兒童的社會性意義，也是本教學模式所希望達成的教育目標。

貳、時數安排：最少的隔離，最大的融合

本教學模式建議自小學三、四年級開始實施，每週四節，分成二單元時段，甲時段以積極的自我觀念和主動的學習意願之陶冶為主，乙時段則以培養獨立學習技能為主。最後以實際問題為導向的深入研究完成之。茲圖示如下：

表 5-1　綜合充實模式

年級	節數	甲時段	乙時段
四		建立積極的自我觀念	發展獨立學習技能
五		發現學習興趣，培養主動學習意願	同上
六		專題研討	實際問題深入研究

時段的選擇應以不影響兒童正課的學習活動為原則，如此可以避免兒童遺漏某些學習經驗，也可免於級任教師的不快。作業輔導課或週末、課餘時間都可選用。如必須選用正課，則時間不宜固定，以免同類課程失落太多教學時間。例如，教師若每次都選用美術課時間，則兒童將喪失大部分的美術學習經驗，不可不慎。

實施本教學模式時，以採取小組或個別方式進行為宜。課內教學時段以採小組方式較佳，但如獨立研究等則可個別進行。每小組以六至十位學生為宜，以利學生互動。此種方式較之目前每班三十位，看來似較浪費，其實卻較節省。每位教師每次帶領一小組十位學生。以每週每位教師必須任課十六節計算，則每位教師可以帶四小組，計四十位學生，如學校班級較少，則每小組人數可減少，甚至可採複式編制。例如某校每年級只有兩班，預計有資優生二位至三位，如以三個年級混合編組仍可推動資優教育。如以每年級四班，則每年級有資優生四位至六位，每年級可編成一小組。教師可安排時間帶領不同小組同學，頗具彈性。就以每年級二班的學校來說，每二班預估二位資優生，全校二至六年級也有十位資優生，採複式編制，可由一、二位資優教師擔任教學。

每週的時數安排也可視實際情況而調整。教學內容也可因而加以調整。例如，某校可每週安排五或六小時的教學活動，則除依照本建議模式外，另一或二小時可做為：(1)專長學科的加強教學；(2)較差領域的補救教學；(3)必要時可做加速學習。如果每週只能安排三小時，則可在方法訓練方面減少一小時。如果每週只能安排二小時，則可採取各以一小時的方式進行，或將間週交替活動的方式進行。例如第一週進行甲段活動，第二週進行乙段活動。

第五節　實施方式

壹、整體說明

　　為使資優兒童能夠透過資優教育計畫，獲得比較完整的教育活動，特根據上述理念，設計資優教育綜合充實模式（見表 5-1）一種，其要點如下：

一、本教學模式之設計係以國小為對象，適用於國小四年級至國小六年級。但如加以擴延，亦可適用於國小二、三年級至國中。教學邏輯順序不變。

二、本模式以充實為主要目的，而非以加速為主要目的。

三、本模式涵蓋過程的充實（問題解決能力、創造力、創造性問題解決能力等）、內容充實（如歸納法、縮短課程、典範良師等），以及結果充實（如三合充實模式、情意教育、生計教育，和領導能力等），故稱為綜合充實模式。

四、本模式的發展，可密切配合阮汝禮的三合充實模式，始自興趣的發掘、方法的訓練，以致實際問題的研究解決。

五、本模式參考貝茲的主動學習模式，首先建立積極的自我觀念，繼而培養主動學習的意願和技能，進而選擇實際問題深入研究。旨在培養資優兒童成為一位積極主動的學習者。

六、本模式之進行，希盡量和原班課程之教學相組合，每週課程安排之教材，均以原班課程為基礎，密切配合。舉凡專書研讀、

專題講座、專題研討，以及方法訓練等，均以原班課程為選材依據。使資優生能因資源班教學的安排，達到加深加廣的目的。

七、本模式之教學，以小組實施為原則，每小組以六至十人為宜，便於互動，必要時亦可個別實施。

八、本模式之教學時間安排，以每週四節，每兩節連排為原則，如時間減至每週一次二節，或二次一節，或增多教學時間亦可，頗富彈性，便於各類型學校實施分散式資優教育。

九、本教學模式主要分成二大部分，包括：(1)興趣的試探、意願的培養，和內容的充實等；(2)方法的訓練和實際問題的研究等。此二大部分之教學可同時進行。其方式：(1)每週兩大部分均安排時間進行教學活動，如甲時段進行情意教學部分，乙時段進行方法訓練部分；(2)間週安排一部分進行教學，如甲週安排情意教學部分，乙週安排方法訓練部分。如此可收相輔相成之效。

貳、情意教育

為便於試探資優生的學習興趣，並培養其主動學習的意願，表列甲時段教學活動設計就是針對此目的。其主要內涵如下：

一、了解自己：從認識自己、相互認識、自我肯定、自我成長計畫，以及生計教育等活動中讓資優生了解自己的能力、需要和缺點等，使與現實生活相結合。

二、認識資優：從相互認識、調查訪問、名人傳記研讀、名人生平研究、名人講座、名人記者會、名人角色扮演、機會和責任、

服務活動等教學活動中讓資優生了解資優的個人意義和社會意義，進而了解資優者的社會責任，達成資優教育的社會目的。

三、團體技能：從相互認識、團體互動、能力訓練、會議規範訓練、領導能力訓練，和腦力激盪法訓練等教育活動中培養資優生的團體技能。

四、興趣發掘：從專書研讀、專題研討、典範良師，和參觀活動中配合資料收集，可以發掘兒童之特殊興趣，以為培養積極主動的專注精神之基礎，且可協助兒童據以選擇適用其興趣領域之實際問題，進行深入研究。

五、培養主動學習之意願：藉著專書研讀、專題講座、專題研討、參觀服務，和典範良師的追隨學習，培養其主動學習的意願。

六、專書研讀、專題講座，和專題參觀以分類專題為宜，才能從中發掘學生的特殊興趣。興趣領域之分類，係根據阮汝禮的興趣量表所做的分類。

七、經過二年的興趣試探後，師生可以共同討論各生的興趣領域，自六上起，各生可以自選典範良師，以為追隨學習。同時在專題研討上也可以偏重自己的興趣領域。六下的深入研究，也以各生的興趣為選擇實際問題之依據。

八、訪問善心人士，和服務活動的安排，旨在培養資優生服務社會之職志。

九、教學活動的進行，應盡可能配合原班的教學內容和進度。如專書研修；在數學方面如教學進度為分數，則可選擇討論分數的書籍供資優生研讀，包括分數的發現、分數的功用、分數的效率等。在國語科方面如教學進度為發明家的教學，則可選取有關發明家的傳記或故事為研讀資料，包括發明家如何研究、如

何思考、如何生活、如何克服困難，以及如何從發明中獲得喜悅。又如專題講座，若體育課的教學進度是跳高，則可邀請跳高教練或選手來主講，如果能夠邀請到研究發明「背滾式」的人來主講當然更好。如此資優生更可以了解在跳高方面，亦可透過思考提升跳高的成績。再如專題參觀方面，亦應配合教學進度，如五年級的社會課正好談到社教機構，則可讓資優生參觀社教館，使了解社會分工和相互服務的道理。對其原班學習具有加深加廣的功效。

十、資優生選定典範良師後，其討教的主題，盡可能配合原課程之教學內容和進度。如此資優生可在原班級提供其學習心得，供其他同學分享。

十一、專題研討亦應配合原課程之進行，才不致使資優生認為是額外負擔，又可加深加廣其學習內涵。

十二、每學期結束前輔導資優生完成一份自我成長計畫，其目的在使師生共同了解經過一學期的學習活動，各生改變、生長的情形，具有回饋、校正，和激勵的作用。

十三、本節所列各種教學活動，大多參考前面各章所列的活動，如有不清楚之處，可參考前面各章。

參、方法訓練

資優生能否成為一位主動學習者，除了具有主動學習的意願外，是否獲有獨立學習的技能，也是主要的條件。因此，本教學模式的第二大部分著重於方法訓練。茲扼要說明如下：

一、本模式所提出之各項獨立學習技能，包括基本能力、學習技

能、人際技能、生計技能，和研究能力等。

二、上述各種技能主要參考魏爾斯（Wiles）的創造思考技能群集、
貝茲（Betts）的主動學習模式、布魯姆（Bloom）的認知教育
目標分類學、吉爾福特（Guilford）的智力結構模式、泰勒
（Taylor）的多元才能模式、塔巴（Taba）的策略教學模式，
和崔分格（Treffinger）的自我引導模式。

三、上述方法訓練之教材宜取自原班之課程，使資優生透過方法訓
練，一方面習得學習方法和技能，一方面可以增強原班課程教
材之學習。

四、方法訓練可視原班教材之適用性和實際情況略作調整。

五、各項技能之訓練時間可視教材之多寡加以調整，本模式之時間
安排僅供參考，例如領導力訓練，和創造力訓練時間可能需要
加多。

六、方法訓練貴在精熟，故在教學時，一次以一種方法為宜，俟該
方法精熟後再進行另一種方法之教學。

七、方法之精熟有待反覆演練，故資優生學會二種以上技能後，應
有機會重加練習，一段時間後，可做多種方法之綜合練習，以
強化方法之類化能力。

八、方法訓練本身不是目的，使資優生具備獨立研究的能力才是主
要目的。所以，舉凡獨立研究所需的能力都應加以培養，當
然，兒童年級不同，其要求標準也不盡相同。

肆、實地研究

綜合充實模式要培養資優生成為一位研究者，但不是一位學者

型的研究者，而是一位能夠解決實際問題的研究者，因此，實地研究的進行宜注意下列各點：

一、未進入研究方法訓練前可先在中年級閱讀研究者的研究生活以激發其研究興趣。

二、使注意解決實際問題的研究者對人類生活的貢獻。

三、使注意研究者在研究過程中的態度。

四、使了解研究工作都一定能成功，失敗者也值得加以研究。

五、研究方法的訓練應與課程相配合，循序漸進，按部就班，不求近功。

六、使資優生盡早與研究者或研究環境相接觸，以收見賢思齊之效。

七、家長、教師可指導，但不可代勞，尤其如科學展覽等競賽性的活動。

八、要指導他們具有研究者的眼光，但不可要求專家的水準。

九、研究主題應以資優生日常生活所接觸之實際問題為範圍，使有切身之感。

十、實際問題之選題，應植基於兒童的興趣領域，兒童才能從事長期性的研究工作。

十一、六下以完成一項研究工作為原則，研究結果宜向實際對象提出報告。

十二、加強小組的合作研究，但可分工獨立研究，然後予以整合。

十三、有實際應用價值者不妨聯絡有關單位加以試用。

十四、可以和有關研究機構同步進行研究，便於學習和輔導。

伍、配合措施

綜合充實模式要想有效實施，必須注意下列配合措施：

一、溝通家長觀念：綜合充實模式應在方法訓練和情意教育，不在成績的提升。因此，實施效果可能不像加速制那麼顯著，可能不會造成學生成績的顯著進步，但是對於學生研究方法的訓練、學習意願的培養，和學習技能的獲得甚有助益。易言之，可以增進實力，但在成績方面不一定看得出來，因此，家長的溝通至為重要。對於「成績至上」的家長，必須善加溝通，否則將影響本方案之實施。

二、協調教師合作：此種模式雖然較一般資源班方式少干擾普通班教師的教導，但是仍有時難免選用正課時間。此時，資源教師宜盡可能溝通各普通班教師的觀念，協調其合作，才不致造成教師間的誤會，影響和諧氣氛及教學效果。

三、增進資源教師專業修養：實施此種模式，教師必須精熟輔導方法和學習技能，非一般教師所能勝任，因此，必須努力進修，方能勝任愉快。尤其應重視輔導技能之培養。

四、善用社會資源：本模式之教學不限學校範圍，也不限學校教師，社區資源和資源人物都應加以運用，才能做好資優教育工作。因此，資源教師應調查學校社區內可供利用之資源和人物，妥加組織，善加利用，才能有效實施綜合充實模式。

五、善用資訊網路設備：行政機關或家長應支持學校架設適當的資訊網路設備，最好學生家中也應有網路設備，資優生在進行獨立研究時才能上網查詢資料或與他人討論某些問題。

參考書目

毛連塭等編譯（民76）資優教育教學模式。台北：心理。

毛連塭（民76）綜合充實制資優教育。台北：心理。

毛連塭等編譯（民76）資優學生課程發展。台北：心理。

毛連塭（民84）資優教育——課程與教學。台北：五南。

劉秋燕（民 83）國小特殊才能資優學生工作承諾及相關因素之研究。台灣師大：碩士論文。

Beets, G. T., & Knap, J. K.（1981）. Autonomous learning and the gifted. In A. Arnold et al.（Eds.）, *Secondary programs for the gifted/ talented*. Ventura, CA: Office at Ventura County Superintendent of Schools.

Gardner, H.（1985）. *Frames of mind*. New York: Basic Books.

Maker（1982）. *Teaching models in education of the gifted*. MD: An Aspen Publication.

Renzulli, J. S.（1977）. *The enrichment triad model: A guide for developing defensible programs for the gifted and talented*. Wethersfield, CT: Creative Learning Press.

Treffluger, D. J.（1976）. Self-directed learning. In C. J. Maker（Ed.）, *Teaching models in education of the gifted*. An Aspen Publication.

Wiles, J. & Bondi, J.（1993）. *Curriculum development, a guide to practice*（4th ed.）Columbus: Merrill Publishing.

國家圖書館出版品預行編目資料

如何實施資優教育：培養多元智慧、主動學習的資優兒／
毛連塭著. --初版. --臺北市：心理，2001（民 90）
面；　公分. --（資優教育；14）
參考書目：面
ISBN 978-957-702-451-0（平裝）

1.資賦優異教育

529.61　　　　　　　　　　　　　　　　90011103

資優教育 14　　如何實施資優教育：培養多元智慧、主動學習的資優兒

作　　　者：毛連塭
執行編輯：陳文玲
總　編　輯：林敬堯
發　行　人：洪有義
出　版　者：心理出版社股份有限公司
社　　　址：台北市和平東路一段 180 號 7 樓
總　　　機：(02) 23671490　　傳　　真：(02) 23671457
郵　　　撥：19293172　心理出版社股份有限公司
電子信箱：psychoco@ms15.hinet.net
網　　　址：www.psy.com.tw
駐美代表：Lisa Wu　　tel: 973 546-5845　　fax: 973 546-7651
登　記　證：局版北市業字第 1372 號
電腦排版：辰皓國際出版製作有限公司
印　刷　者：玖進印刷有限公司
初版一刷：2001 年 7 月
初版三刷：2008 年 8 月

讀者意見回函卡

No. _____

填寫日期： 年　月　日

感謝您購買本公司出版品。為提升我們的服務品質，請惠填以下資料寄回本社【或傳真(02)2367-1457】提供我們出書、修訂及辦活動之參考。您將不定期收到本公司最新出版及活動訊息。謝謝您！

姓名：_____ 性別：1□男　2□女

職業：1□教師 2□學生 3□上班族 4□家庭主婦 5□自由業 6□其他____

學歷：1□博士 2□碩士 3□大學 4□專科 5□高中 6□國中 7□國中以下

服務單位：_____ 部門：_____ 職稱：_____

服務地址：_____ 電話：_____ 傳真：_____

住家地址：_____ 電話：_____ 傳真：_____

電子郵件地址：_____

書名：_____

一、您認為本書的優點：（可複選）

　❶□內容 ❷□文筆 ❸□校對 ❹□編排 ❺□封面 ❻□其他____

二、您認為本書需再加強的地方：（可複選）

　❶□內容 ❷□文筆 ❸□校對 ❹□編排 ❺□封面 ❻□其他____

三、您購買本書的消息來源：（請單選）

　❶□本公司 ❷□逛書局⇨_____書局 ❸□老師或親友介紹

　❹□書展⇨____書展 ❺□心理心雜誌 ❻□書評 ❼其他_____

四、您希望我們舉辦何種活動：（可複選）

　❶□作者演講 ❷□研習會 ❸□研討會 ❹□書展 ❺□其他____

五、您購買本書的原因：（可複選）

　❶□對主題感興趣 ❷□上課教材⇨課程名稱_____

　❸□舉辦活動 ❹□其他_____ （請翻頁繼續）

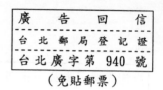

廣 告 回 信
台 北 郵 局 登 記 證
台 北 廣 字 第 940 號
（免貼郵票）

 心理出版社 股份有限公司

台北市 106 和平東路一段 180 號 7 樓

TEL: (02) 2367-1490
FAX: (02) 2367-1457
EMAIL:psychoco@ms15.hinet.net

沿線對折訂好後寄回

六、您希望我們多出版何種類型的書籍

❶□心理 ❷□輔導 ❸□教育 ❹□社工 ❺□測驗 ❻□其他

七、如果您是老師，是否有撰寫教科書的計劃：□有□無

書名／課程：＿＿＿＿＿＿＿＿＿＿＿＿＿＿＿＿＿＿

八、您教授／修習的課程：

上學期：＿＿＿＿＿＿＿＿＿＿＿＿＿＿＿＿＿＿＿＿

下學期：＿＿＿＿＿＿＿＿＿＿＿＿＿＿＿＿＿＿＿＿

進修班：＿＿＿＿＿＿＿＿＿＿＿＿＿＿＿＿＿＿＿＿

暑　假：＿＿＿＿＿＿＿＿＿＿＿＿＿＿＿＿＿＿＿＿

寒　假：＿＿＿＿＿＿＿＿＿＿＿＿＿＿＿＿＿＿＿＿

學分班：＿＿＿＿＿＿＿＿＿＿＿＿＿＿＿＿＿＿＿＿

九、您的其他意見

＿＿＿＿＿＿＿＿＿＿＿＿＿＿＿＿＿＿＿＿＿＿＿＿

謝謝您的指教！　　　　　　　　　　　　62014